CÓCTELES A GOGÓ

CÓCTELES A GOGÓ

KATE MOSELEY

PEARSON
Alhambra

Madrid • México • Santafé de Bogotá • Buenos Aires • Caracas • Lima • Montevideo • San Juan
San José • Santiago • São Paulo• White Plains

Ribera del Loira, 28
28042 Madrid
www.pearsoneducacion.com

ISBN: 978-84-205-4510-3

Traducido de: *Cocktails galore*

ISBN: 978-1-84601-146-7

Traducción: BGA Traducciones
Coordinación editorial: Mónica Santos e Irene Molina
Coordinación de Producción: José Antonio Clares

Este libro contiene las opiniones e ideas del autor. Se pretende aportar material útil e informativo sobre los temas tratados en este libro. El autor y el editor carecen de cualquier intención de proporcionar un servicio estrictamente profesional. El autor y el editor rechazan cualquier responsabilidad por cualquier inconveniente, pérdida o riesgo, personal o de cualquier otro tipo, en el que se incurra como consecuencia, directa o indirecta, de la utilización y aplicación de cualquier aspecto del contenido de este libro.

Impreso y encuadernado en China
Printed and bounded in China

CONTENIDO

LO QUE NECESITAS

Hazte con los utensilios necesarios para preparar un buen cóctel y en poco tiempo te habrás convertido en el experimentado "barman" al que aspiras llegar a ser.

★SACACORCHOS★

Sin él, no podrás abrir ni una sola botella de vino.

★JARRA★

Imprescindible para servir grandes cantidades de ponche o de cóctel.

★COCTELERA★

Hay varios tipos de cocteleras, pero los modelos más conocidos son la coctelera normal y la Boston. La normal suele ser cromada, aunque también hay de plástico duro. La base de la coctelera, conocida también como "la lata" se parece a un cubilete alto, en forma de cono. Tiene un embudo en la parte de arriba con agujeros y un tapón que se ajusta perfectamente. La Boston lleva un cubilete de metal y otro, interior, de cristal. El cubilete de metal suele llevar un agujero con colador y taza. El cubilete de vidrio se puede usar también como vaso de mezclas. Ambas son muy útiles y fáciles de limpiar.

★COLADOR DE CÓCTEL★

La coctelera Boston se usa siempre con un colador de cóctel o "Hawthorne". Se divide en dos partes: un mango y un borde redondo con alambre para evitar que se derramen los hielos. Las púas salientes se ajustan al borde de la coctelera. El colador (insertado dentro de la coctelera) se sujeta con fuerza y el líquido sale entre las púas.

Las perforaciones permiten que el líquido pase sin que

caiga el hielo al vaso. Para hacer una colación más fina, se puede usar un colador de té que se sujete por encima del vaso.

★RALLADOR DE CÍTRICOS★

Es una pequeña herramienta con un mango y cinco pequeñas hendiduras en la parte superior colocados en una especie de ángulo. Las puntas son muy afiladas y cuando se presiona la herramienta sobre la piel del cítrico que queremos exprimir, se consigue hacer pequeñas líneas de cáscaras.

★MORTERO★

Es un cuenco hecho con material resistente, normalmente cerámica o mármol en el que se majan los ingredientes. Para ello utilizamos la mano del mortero. Hay que evitar el uso de morteros de madera pues se estropean con facilidad y resultan poco higiénicos al tratar con ingredientes húmedos.

★EXPRIMIDOR DE CÍTRICOS★

El jugo de lima, naranja o limón recién exprimidos es, con diferencia, muchísimo mejor que un zumo envasado. Los exprimidores eléctricos son perfectos para hacer grandes cantidades, pero hay que tener cuidado y no excederse pues te arriesgas a triturar la parte blanca del cítrico y que, al final, quede amargo. Un simple exprimidor de acero inoxidable o de cristal es perfecto para hacerlo siempre que tenga suficiente borde para que no se derrame y un buen filtro que no deje pasar las pipas. Obtendrás mayor cantidad de zumo si antes de exprimirlo lo haces rodar por la barra ejerciendo una pequeña presión con la mano, al cortar la fruta en dos partes, el zumo saldrá con mayor facilidad. Si calientas una pieza de fruta en el microondas, también acabarás sacándole el zumo, pero ten cuidado mientras la fruta esté caliente.

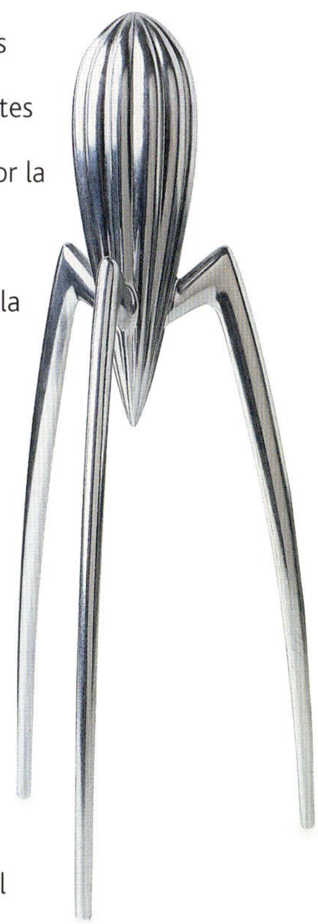

Aunque te resulte aburrido esfuérzate por exprimir, pues el

sabor que le da al cóctel merece la pena. Los zumos envasados resultan demasiado dulces o llevan tantos conservantes que desvirtúan el sabor. Si ves que el zumo natural es demasiado fuerte, añádele un poco de almíbar.

★VARILLAS PARA REMOVER★

Son varillas de cristal que se utilizan para remover las bebidas que llevan hielo. Son especialmente útiles para bebidas gaseosas y martinis.

★CUCHARA MEZCLADORA★

La clásica cuchara pero con mango mucho más largo (unos 25 cm). Se puede usar tanto como medida (un poco más grande que la típica cucharilla de té) como para remover las bebidas. Las mejores tienen mango en forma de espiral (que dan más efecto al líquido) y una base al final para que no se escurran. Son más fáciles de agarrar que las completamente lisas.

★MEZCLADOR DE MORTERO★

Es un bastoncillo corto de madera parecido a un palo normal de mortero pero con la punta lisa en vez de redondeada. Se utiliza para mezclar el azúcar y la angostura amarga o el azúcar y la menta fresca hasta que el azúcar queda disuelto. También sirve para aplastar la fruta o los hielos de un vaso apretándolos hacia abajo. Se puede usar alternativamente tanto la mano del mortero, como un pequeño bastoncillo redondo o el extremo de una cuchara.

★CUCHARA DE HELADO★

Si te apetece hacer algo con helado o un sorbete, lo mejor es usar esta cuchara para hacer bolas pues es muy fácil y rápida de limpiar. Basta con meterla en agua caliente antes de poner el trocito de helado en la bebida. Recuerda volver a colocar el helado en la parte trasera del congelador después de usarlo.

★VASO MEZCLADOR★

Es un vaso grande de vidrio con un borde para verter el líquido, que se usa para enfriar el cóctel de forma rápida. Debe tener una capacidad mínima de 750 ml y sobre todo ser transparente para poder detectar si hay algún "cuerpo" extraño en la bebida. No compres vasos de colores. Si no tienes, puedes usar una jarra de agua, una botella de vidrio transparente, una jarra de medir o el vaso de cristal de la coctelera Boston.

★CHUPITO Y TRAGO★

La medida estándar que se utiliza es la conocida como "jigger" o chupito y equivale a 45 ml. Otra medida a tener en cuenta es el "pony" o trago que son dos cucharadas soperas, es decir, 30 ml. Si no sabes la medida exacta, usa una copa de licor. De hecho, se puede usar cualquier objeto siempre que las proporciones se ajusten a la medida que indica la receta. El tapón limpio de una medicina, de una botella o la mitad de la cáscara de un huevo, por ejemplo.

★CUCHARAS DE MEDIR★

Las cucharas de medir vienen en juegos de 5 ml, 10 ml y 15 ml, de acero inoxidable o plástico.

★TABLA DE CORTAR Y CUCHILLO PARA FRUTA★

Se necesita una tabla y un cuchillo para cortar la fruta con que se va a aderezar el cóctel.

★BATIDORA/LICUADORA★

Usa sólo una batidora doméstica si viene preparada para triturar hielo. Si no es así, piensa en invertir en una de uso comercial. Es incluso preferible usar hielo ya triturado; te ahorrará estar cambiando continuamente las hojas y el motor de la batidora. Una buena batidora debe tener varias velocidades o aplicaciones así como una copa de cristal duro, plástico o acero inoxidable y hojas desmontables para facilitar su limpieza. (Usa un cepillo limpiador de botellas para limpiarla mejor y de forma más segura). Cuando uses la licuadora para hacer cócteles, mide los ingredientes, añade después el hielo y pon velocidad lenta aumentándola poco a poco para darle mayor consistencia. Cuélalo en un vaso y sirve inmediatamente.

★CUBITERA DE HIELO★

Cuanto mejor aislada esté la cubitera, más durará el hielo. Mantenla con la tapa puesta y utiliza unas buenas pinzas para sacar los cubitos.

★CUCHILLO DE PELADURAS★

Es muy útil para cortar la piel de la fruta en tiras muy finas. También lo puedes usar para cortar trozos y otras figuras de la fruta.

★CUCHILLO CANELLE★

Una herramienta con mango y una pequeña hendidura en la parte delantera que permite cortar los cítricos en forma de espiral. Sujeta la fruta firmemente; aprieta con el cuchillo y arrástralo lentamente mientras se van formando pequeñas tiras en espiral. Las tiras son más finas y resistentes que las que se consiguen con el rallador.

★BASTONES DE CÓCTEL★

Son bastoncillos de madera o de plástico de distintos colores, lisos o con algún motivo en la parte superior. Se usan para pinchar las guindas, las aceitunas, las cebolletas o las rodajas de fruta que adornan los cócteles. Los de plástico se pueden reutilizar una vez esterilizados, mientras que los de madera son de usar y tirar.

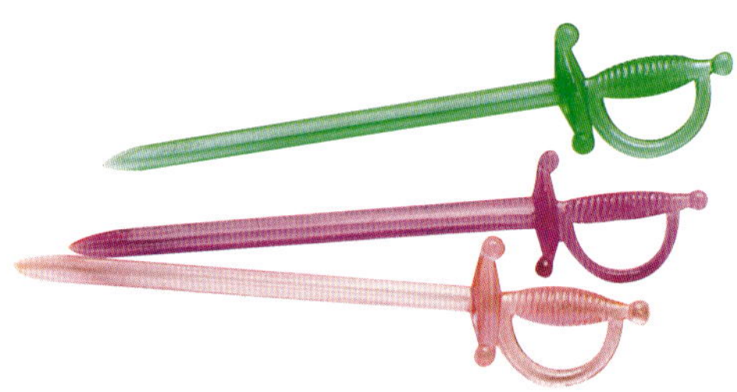

COPAS

La manera de servir un cóctel es tan importante como su contenido. Asegúrate de que has aprendido a distinguir tu Boston de tu Collins.

★COPA DE BRANDY★

Copa baja de balón que tradicionalmente se ha usado para tomar brandy y algunos licores. La copa está diseñada para que la mano caliente la bebida y su forma permite que el aroma llegue a la nariz.

★COPA AFLAUTADA★

Esta copa alta y elegante es la perfecta para servir champán ya que su boca estrecha hace que tanto el buqué del vino como sus burbujas duren mucho tiempo.

★VASO BAJO★

También llamado vaso de whisky. Bajo, ancho, con buena base, es un vaso esencial para cualquier bebida con hielo.

★VASO ALTO★

Un vaso alto, tambien llamado "highball", que se usa para cualquier combinado con alcohol y hielos como puede ser una ginebra con tónica o un Harvey Wallbanger.

★VASO COLLINS★

Más alto y más estrecho que el vaso alto; a menudo se presenta con una ligera escarcha. Es perfecto para servir un Tom Collins, o cualquier bebida tropical con burbujas.

★COPA MARGARITA★

Más grande y redondeada que la típica copa de cóctel, tiene un único cuenco doble. Se usa para servir Margaritas y Daiquiris.

★VASO BOSTON★

Alto, con forma ligeramente cónica.

★COPA DE CHAMPÁN★

Se usa normalmente para servir champán, pero esta elegante copa permite que el buqué del vino y las burbujas se pierdan antes que en la copa aflautada.

★COPA DE CÓCTEL★

Clásica, con tallo, a menudo se refieren a ella como la copa "Martini". Se usa para bebidas sin hielo y su forma permite que no calentemos la bebida con la mano. Hay que enfriarla siempre antes de servir la bebida.

★COPA★

Baja, con forma de vasija, con pie y poco tallo.

★VASO TODDY★

Resistente al calor, se usa para servir licor de palma, agua caliente y especias.

★TRAGO★

Es un vaso diminuto, a menudo denominado "chupito" que se usa para medir y servir bebidas fuertes.

★COPA DE VINO★

La copa de vino blanco es ligeramente más pequeña que la de vino tinto, que tiene una forma redondeada más pronunciada.

★COPA SLING★

Es una copa larga con pie y sin apenas tallo, parecida a la copa Collins y conocida también como copa Catalina.

★COPA DE CAFÉ IRLANDÉS★

Es estrecha, resistente al calor, con pie, poco tallo y asa para agarrar. Se usa para servir café caliente mezclado con algún licor.

TRUCOS DE PREPARACIÓN

Hay una serie de trucos que todo experto debería saber. En este apartado desvelamos algunas claves.

★SIROPE DE AZÚCAR★

Algunos cócteles saben mejor si se les añade algo de dulzor para contrarrestar la acidez de la fruta fresca. Por ejemplo, poniendo un terrón de azúcar y un poco de angostura en el vaso y agitando o machacando en el mortero un poco de azúcar con fruta fresca u hojas de menta y obteniendo una pasta que se añade al cóctel. Puedes comprar sirope normal o sirope arábigo o de acacia, con sabores a almendra (horchata), cacahuete, cassis, frambuesa, granadina y vainilla. También puedes hacer tu propio almíbar poniendo en un cazo dos partes de azúcar extrafino por una de agua y calentarlo poco a poco hasta que hierva de 3 a 5 minutos. Cuanto más tiempo esté hirviendo, más concentrado te saldrá. Enfríalo, ponlo en una botella y mételo en el congelador. Sabrá mejor al cabo de 4 días. Si le quieres dar otro toque, ponle alguna especia (canela, estrellitas de anís o jengibre) hierba de limón u hojas de lima.

★CÓCTELES DE CREMA★

Este tipo de cócteles sustanciosos y cremosos solían servirse como postre en las comidas. Ahora, cualquier momento es bueno para tomarse uno. La crema se puede mezclar con la mayoría de los licores y enmascara el alcohol convirtiendo la bebida en algo dulce y agradable para la boca. Debes usar siempre una crema consistente que dé cuerpo al cóctel y recuerda que el ácido del zumo de fruta puede alterar la crema haciéndole parecer y posiblemente, saber, a cuajada si la dejas mucho tiempo. Por ello, es importante servir el cóctel nada más hacerlo. Guarda siempre la crema en la nevera y lava bien todo el material después de hacerla.

★CÓCTEL POUSSE-CAFÉ★

Este cóctel es una bebida con mucho color, que se sirve como trago corto. Su éxito depende de la habilidad del barman. Cada ingrediente se pone con mucho cuidado en el vaso mediante una cuchara, posando el nuevo ingrediente sobre la superficie del otro o deslizándolo por un lado del cristal. Los ingredientes deben ir superpuestos en capas dependiendo de su densidad. Generalmente, a mayor densidad, menos peso del líquido y más facilidad para flotar. Empieza con los ingredientes que no contengan alcohol, como los siropes, que son densos y se mantienen en el fondo y luego añade los que sean más ligeros. La excepción es la nata y los licores con nata, que subirán enseguida arriba (como la nata en la leche homogeneizada). Como cualquier otra cosa, la superposición de capas requiere práctica... pero eso es lo divertido.

★BEBIDAS FLAMBEADAS★

Hay que tener mucho cuidado con las bebidas con llama. Asegúrate siempre de que tienes suficiente espacio para moverte mientras las preparas y que no se te pueden caer. Jamás sirvas una copa sin las llamas apagadas. Se apagan fácilmente colocando un plato de metal encima del vaso. Advierte al que se la vaya a tomar de que el borde está caliente y que debe esperar un poco para no quemarse los labios. Para quemar una bebida, la capa superior debe ser un ingrediente que contenga al menos un cuarenta por ciento de alcohol.

★AGITAR★

Si agitas una bebida con hielo triturado o con cubitos de hielo, la enfriarás y la diluirás. Cuanto más hielo uses, menos bebida se diluirá. (El hielo demasiado pequeño diluye una bebida más rápido porque se mezcla antes). Para que te salga perfecto, pon en la coctelera dos terceras partes de hielo, zumo de fruta, huevos o crema y por último el licor. Aprieta firmemente la parte de arriba con una mano y la parte de abajo con la otra y agítalo enérgicamente. Practica el movimiento antes de hacerlo delante de gente, ya que pueden acabar con todo el cóctel derramado en la ropa... Agítalo durante quince segundos, quita la tapa y sírvelo. Jamás agites bebidas gaseosas.

★REMOVER UN LÍQUIDO★

Donde mejor se remueve un líquido es en un vaso mezclador con borde, en el vaso de la Boston o en una jarra de al menos 500 ml de capacidad. Pon hielo triturado o cubitos, añade los ingredientes, muévelo con una cuchara deslizando la parte ancha de la cuchara hacia abajo y tuerce el palo entre el pulgar y el índice. Si remueves bebidas con soda u otra bebida gaseosa, hazlo de forma suave, de forma que las burbujas se mantengan durante más tiempo, pero ten cuidado de que no se derrame. Cuando veas por fuera que está condensado, déjalo de mover y cuélalo con un colador Hawthorne. Sólo se deben remover las bebidas transparentes. El resto hay que agitarlas.

★BORDES ESCARCHADOS★

Para darle más efecto, decora el borde del vaso con sal, azúcar, chocolate o incluso cacahuete triturado. La sal helada del borde de un margarita se consigue pasando una cáscara de limón o de lima por el borde del vaso con éste al revés para que no entre nada de zumo y metiendo después el vaso en un cuenco de sal hasta que quede pringado. Si quieres bordes azucarados, mete el borde del vaso en clara batida de huevo o pásale una esponja húmeda y luego lo introduces en azúcar. Repite el procedimiento un par de veces hasta que quede bien. Si quieres dejarlo más bonito todavía, puedes colorear el azúcar con el mismo tono o sabor de la bebida mezclándolo con sirope coloreado o con unas gotas de tinte vegetal. El borde azucarado es sólo para bebidas dulces.

★ENFRIAR★

Es fundamental que el cóctel se sirva frío. Los vasos se pueden enfriar en la nevera, si te caben, y más rápidamente en el congelador. Si puedes, mete también la coctelera aunque otra opción es tenerla con hielo antes de usarla (el hielo triturado o machacado es mejor para enfriamientos rápidos). La condensación tarda unos minutos, los justos para que tú mientras tanto vayas preparando y mezclando el resto de los ingredientes. Cuando el vaso esté suficientemente frío, retira el hielo y sirve el cóctel.

Hay también ciertos cócteles cuyos ingredientes líquidos deben enfriarse también y licores como el vodka, que cambian de densidad y textura si se introducen en el congelador durante un tiempo.

★HIELO★

Es el ingrediente más importante del cóctel. Un barman serio hará hielo con agua mineral, pues sabe más pura y es más transparente cuando se hiela. Si piensas hacer muchos cócteles, compra bolsas de hielo en el supermercado. No seas tacaño al poner hielo en una copa (hay que llenar el vaso para mantenerlo frío; cuanto más pongas, más tardará en diluirse). No uses dos veces el hielo utilizado para hacer un cóctel o para enfriar. Tíralo. El hielo se separa muy bien calentando la bolsa de los cubitos, golpeando el hielo envuelto en una toalla, con un rompedor eléctrico de hielos, con el mezclador del colador o, simplemente, con un punzón.

★LICORES★

Una bebida con un contenido de alcohol de un cuarenta por ciento se puede mezclar perfectamente con frutas y especias y darle mayor consistencia al cóctel, pero es una labor que lleva su tiempo. La excepción es el vodka con sabor a chile (María Sarmiento). Pon unas cuantas rodajas de chile en la coctelera junto con el vodka y en pocos segundos notarás el calor. El vodka es la base ideal para las mezclas ya que tiene poco sabor. Prueba con frutas como el limón, las frambuesas, las grosellas o los arándanos. Añade azúcar para hacerlas más dulces y rebajar los sabores y déjalo macerar de dos a seis semanas, según la fruta que lleven, agitándolo diariamente para que se disuelva el azúcar. Si fueran endrinas o ciruelas en ginebra, es mejor dejarlas 12 semanas. Las fresas y cerezas son perfectas para el brandy y si metes vainas de vainilla en una botella de ron, le añaden un dulzor maravilloso para los daiquiris. Hay otras hierbas que se usan para dar sabor al vodka, el whisky o la ginebra que son el romero, las hojas de baya o el tomillo y especias como la canela y las hojas de limón.

★ELABORACIÓN★

Significa, simplemente, que haces la mezcla en el vaso en el que se sirve. Llena el vaso de hielo y añade el ingrediente elegido. Remuévelo antes de servir.

★COLACIÓN DOBLE★

Se cuela el cóctel quedando las frutas y los hielos en el colador de la coctelera y luego se vierte en el vaso a través de un colador de té.

★ESPOLVOREO★

Así se denomina a espolvorear un ingrediente como el cacao, la canela o la nuez moscada.

★CREMA FLOTANTE★

Para que la nata quede flotando en el líquido, primero bate la nata de tal forma que se mantenga todavía un poco líquida, pero que sea más densa que una nata normal. Remueve la bebida con efecto de remolino y a continuación coloca la nata en la parte superior ayudándote de una cuchara.

★PURÉS DE FRUTA★

Corta la fruta en trocitos y ponla en la batidora (sin hielo) a bastante velocidad. Si te apetece, ajusta el dulzor con un poco de sirope de azúcar y después cuélalo todo para quitar las pepitas y semillas.

★CALENTAR LA COPA★

Si quieres, puedes calentar la copa de brandy antes de servirlo metiendo una cuchara de metal en la copa y a continuación poniendo agua hirviendo. Con la cuchara dentro, la copa no se rompe y así se dispersa mejor el calor.

★MAJAR★

Proceso por el cual se machaca una fruta o hierba para que suelte su sabor usando la mano del mortero.

ADORNOS

Desde una simple aceituna hasta una brocheta de frutas pasando por los típicos paraguas o las pajitas de colores, cualquier objeto sirve para hacer más divertidos tus cócteles.

★TIRABUZONES DE CÍTRICOS★

Cuando una receta necesita tirabuzón de naranja o limón, significa que hay que extraer una gota de aceite de la corteza para añadirla al cóctel junto con el cítrico. Para hacer un tirabuzón, toma una pieza de fruta fresca y pélala en forma oval. Manteniendo la piel encima de la copa muévela un par de veces con el pulgar y el índice. Con ello, consigues que se derrame un finísimo espray de cítrico sobre la superficie de la bebida ¡un toque realmente profesional! Para terminar, deja caer la rodaja dentro.

★ESPIRAL DE CÍTRICO O VAINILLA★

Para hacer espirales, usa un cuchillo tipo "Canelle". Empieza por la parte superior de la fruta clavando suavemente el cuchillo alrededor de la pieza para ir sacando la piel en espiral. Enrolla la espiral en un lápiz y sujétalo con un alfiler; luego, congélalo durante cinco minutos. La espiral se quedará con la forma dada y podrás colgarla del borde de la copa tal y como se adorna el cóctel "Cuello de caballo".

★CORTAR RODAJAS, TROZOS Y REBANADAS DE FRUTA★

La fruta es ideal para decorar cócteles. La puedes poner atravesada con un palillo en la copa o dejarla colocada con mucho cuidado en el borde. Las más fáciles de utilizar son los cítricos, pero hay muchas posibilidades. Una "rueda" de cítrico es una rodaja entera de limón, de lima o de naranja. Se puede poner en forma de tirabuzón o a modo de "mariposa" en el borde de la copa. También se pueden cortar longitudinalmente hasta hacer cuatro trozos de una sola pieza.

★ADORNOS CON IMAGINACIÓN★

Hay gente poco amante de los adornos de papel o plástico, como los parasoles ya citados, aduciendo que los adornos deben ser comestibles. En cualquier caso, los cócteles deben ser divertidos, o sea que depende de ti dejar volar tu imaginación. Puedes decorar un Gibson con una simple cebolleta atravesada en un palillo o un Martini con una aceituna verde, una guinda (que puede ser roja, verde, amarilla o azul con o sin tallo) una uva o tres, o un tallo de grosellas. Lo normal es usar limones, limas y naranjas, pero si quieres un cóctel más elaborado, pon rodajas de piña o plátano. También puedes poner un bastón muy natural: un palito de bambú, uno de hoja de limón, de apio o de pepino. Las rodajas de chile y de pepino darán mucho sabor a la bebida. La borraja fresca, el bálsamo de limón o la menta refrescarán y aportarán fragancia a un Pimms o a un Julepe. Los pétalos de rosa y otras flores comestibles son adornos delicados y perfectos. El mango, el melón, el melocotón, el kiwi, la manzana, las frambuesas y las fresas son fantásticas si son realmente frescas, pero si se ponen marrones como el plátano, tienen en seguida muy mal aspecto. Atrévete a decorar con divertidos bastones de colores, largos, cortos, de vidrio, de plástico, planos o curvos, parasoles de papel o animales de plástico y sírvelos sobre elegantes posavasos.

★RODAJAS DE FRUTA AZUCARADA★

Para azucarar una rodaja de fruta que quieres como adorno dulce, tienes que salpicar la superficie de la fruta de azúcar refinado y glasearlo un poco con un soplete doméstico hasta que el azúcar se haya derretido y se haya tornado un poco de color marrón.

★LA CANELA Y LAS ESPECIAS★

Los barquillos de canela son ideales para los ponches calientes. El chocolate pelado o rayado, la nuez moscada rayada o los granos de café son perfectos para los cócteles cremosos. Espolvorea canela a través de una pequeña llama y conseguirás un efecto chispeante que a la vez expande un sabor fantástico a la bebida y le da una apariencia mágica.

★CUBITOS DE HIELO DECORADOS★

Pon agua en las bandejas de hielo y añade una hoja o una flor. Puede ser bálsamo de limón, albahaca, menta, verbena de limón, hojas dulces de geranio, flores de borraja, violetas o pensamientos. Otra posibilidad es añadir frambuesas, arándanos, grosellas rojas, grosellas negras o pequeños trozos de limón, de lima o naranja. Las estrellas de anís y los granos de granada son muy llamativos, al igual que las rodajas de chile o las hojas de oro comestibles.

★RIZO DE CHILE★

Pela la parte de abajo del chile con el cuchillo afilado hasta dejarlo en pequeñas tiras. Luego, déjalo en agua durante dos horas. Las tiras quedarán rizadas y listas para especiar el cóctel que tú quieras.

★TIRABUZÓN DE NARANJA FLAMBEADA★

Prepara el "tirabuzón" de la misma forma que indicábamos antes con los cítricos, pero dejando una pequeña médula. Pincha la piel encima de la bebida y encima de la llama. El aceite que se desprende se encenderá produciendo un pequeño fulgor y un fantástico aroma.

VODKA

AB FAB

INGREDIENTES

1 parte de vodka Stolichnaya
2 partes de zumo de arándanos
y de frambuesas
Champán Bollinger

Agita el vodka y el zumo de frambuesa en una coctelera junto con hielo triturado y cuélalo a una copa de martini. Completa con champán y sírvelo en seguida.

CURIOSIDAD

Llamado así a partir de la comedia británica de TV del mismo nombre, esta combinación de Stoli y Bolli, era una de las preferidas de la protagonista del show, Patsy.

CABO CODDER

INGREDIENTES

2 partes de vodka
4 partes de zumo de arándanos
2 rodajas de lima

Vierte el vodka y el zumo de arándano en un vaso alto lleno de hielo. Exprime las rodajas de lima en la bebida y déjalas dentro. Remueve y sirve con pajitas.

BLOODY MARY

INGREDIENTES

1 parte de vodka
2 partes de zumo de tomate
¼ de zumo de limón recién exprimido
1 cucharadita de salsa Worcestershire
2 chorros de salsa de tabasco
1 pellizco de sal de apio

Agita los ingredientes suavemente en la coctelera con hielo triturado para mantener el zumo de tomate separado. Viértelo en un vaso alto previamente enfriado o en un Collins. Decóralo con hoja de apio.

CURIOSIDAD

Los orígenes de este famoso cóctel parecen inciertos. Se dice que lo creó Ferdinand Petiot en el Harry's Bar de París en 1920. En un principio la receta consistía en dos partes iguales de vodka y zumo de tomate. Años más tarde, le añadió salsa Worcestershire, salsa de tabasco y zumo de limón para condimentarla a gusto de los neoyorquinos cuando volvió a Estados Unidos al King Cole Bar de St. Regis. Aquí lo rebautizó con el nombre de Red Snapper "aunque no prosperó", como dice Petiot. "Uno de los camareros sugirió entonces el nombre de Bloody Mary, pues le recordaba al Club Bucket of Blood de Chicago y a una chica que se llamaba Mary".

PELIGROSO DETOX

INGREDIENTES

½ parte de aguardiente de melocotón
½ parte de zumo de arándanos
½ parte de vodka
Un chorro de absenta

Con mucho cuidado, ve poniendo los ingredientes en un vaso de chupito teniendo en cuenta la densidad de cada líquido y siguiendo el orden citado en la receta, de tal forma que queden tres marcas iguales y una más fina verde, de la absenta, arriba.

COLLINS VICTORIA

INGREDIENTES

1 ½ partes de Stolichnaya Vanil
(vodka con sabor a vainilla)
½ parte de zumo de limón recién exprimido
1 cuchara rasa de azúcar refinado
2 partes de zumo de uva
Rodajas de naranja para decorar

Llena un vaso alto de hielo. Aparte, agita el vodka, el zumo de limón y el azúcar hasta que éste se disuelva (sin hielo). Vierte la mezcla sobre el hielo, añade el jugo de uva y remueve. Adórnalo con rodajas de naranja y sírvelo con pajitas.

CHEVY 57

INGREDIENTES

1 parte de vodka
1 parte de Southern Comfort
½ parte de Grand Marnier
2 partes de zumo de piña
1 chorro de zumo de limón recién exprimido
Rodajas de piña para adornar

Agita todos los ingredientes con hielo y cuélalo a un vaso alto con hielo. Adorna con rodajas de piña.

HARVEY TIRATABIQUES

INGREDIENTES

4 partes de zumo de naranja
2 partes de vodka
½ parte de licor de hierbas Galliano

Pon el zumo de naranja y el vodka en un vaso alto con hielo. Remueve y vierte sobre ellos el Galliano para que quede flotando en la superficie. Adorna con rodajas de naranja.

CURIOSIDAD

El renombrado Donato, "Duque" Antone, inventó muchos cócteles en Los Ángeles en la década de 1950. A él se deben, por ejemplo, el "Rusty Nail", "El Padrino", el "Flaming Caesar" y el popular "Harvey Tiratabiques". Se cuenta que un surfista californiano llamado Harvey, perdió un campeonato muy importante de surf y fue a buscar consuelo al bar Blackwatch del "Duque". Después de tomarse unos cuantos Gallianos con vodka, se marchó del local completamente borracho chocándose contra las paredes. La gente le empezó a conocer como Harvey Tiratabiques y de ahí nació el nombre del cóctel.

SOL NACIENTE

INGREDIENTES

2 partes de vodka

2 partes de zumo de pomelo recién exprimido

½ parte de sirope de fruta de la pasión

½ limón (sólo el zumo)

Rodajas de pomelo rosa para adornar

Agita todos los ingredientes juntos y viértelo todo mezclado a un vaso bajo, con hielo. Adorna con una rodaja de pomelo rosado.

AVALON

INGREDIENTES

1½ parte de vodka

½ parte de Pisang Ambon (licor holandés de plátano)

2 partes de zumo de manzana recién exprimido

1 chorro de limón recién exprimido

Limonada hasta arriba

Rodajas de manzanas rojas para adornar

Llena de hielo un vaso alto. Pon el vodka, el licor de plátano, el zumo de limón y el de manzana. Remueve y rellena de limonada hasta arriba. Adorna con rodajas de manzana roja.

RAPASKA

INGREDIENTES

2 partes de Stolichnaya Razberi (vodka con sabor a frambuesa)
1 parte de puré de fruta de la pasión
1 parte de puré de frambuesa
½ fruta de la pasión
1 parte de zumo de manzana recién exprimido
1 parte de zumo de naranja recién exprimido
2 frambuesas y una rodaja de manzana para decorar

Agita suavemente todos los ingredientes junto con el hielo y pásalo a un vaso alto. No lo cueles. Decora con frambuesas y una rodaja de manzana y sírvelo con pajitas.

MARTINI DE MERENGUE DE LIMÓN

INGREDIENTES

2 partes de vodka de limón
1 parte de Drambuie
1 parte de zumo de limón recién exprimido
1 ó 2 cucharillas de sirope de azúcar
Cáscara de limón en forma de tirabuzón para adornar

Agita a conciencia todos los ingredientes con hielo triturado en la coctelera. Cuélalo a una copa de cóctel y adórnalo con una cáscara de limón.

TÉ HELADO LONG ISLAND

INGREDIENTES

½ parte de ron dorado
½ ginebra
½ parte vodka
½ parte de tequila
½ parte de Cointreau o triple seco
½ parte de sirope de azúcar
1 parte de zumo de limón recién exprimido
Refresco de cola hasta arriba

Mezcla todos los ingredientes con hielo triturado en una coctelera, excepto la cola. Agita bien. Cuélalo a un vaso alto con hielo hasta la mitad. Completa con refresco de cola hasta arriba y adorna con una rodaja de lima.

CURIOSIDAD

Hay gente que dice que esta bebida se inventó en la época de la ley seca, ya que su apariencia es la de un té helado. Otros sugieren que lo inventó en la década de 1970 Chris Bendicksen, un barman de la sala de fiestas Smithtown de Long Island. Esta bebida contiene mucho más alcohol que la mayoría de los cócteles ya que apenas se mezcla.

MUDSLIDE

INGREDIENTES
1 parte de vodka
1 parte de Kahlua o licor de café
1 parte de licor de crema irlandesa

Agita con fuerza los ingredientes en una coctelera con hielo. Cuélalo a un vaso bajo lleno de hielo. Adorna con granos de café.

BUCK'S TWIZZ

INGREDIENTES
1 rodaja de pomelo rosado con piel
1 parte de Absolut Mandrin
(vodka con sabor a naranja)
1 parte de zumo de naranja recién exprimido
½ parte de licor de marrasquino
Champán hasta arriba

Pon la rodaja de pomelo en el fondo de una copa grande de champán. Agita suavemente el vodka, el zumo de naranja y el licor con el hielo y viértelo, colado, encima de la rodaja de pomelo. Llena hasta arriba de champán y remueve.

CURIOSIDAD
La leyenda dice que la forma y el perímetro de esta copa de champán se tomó de un seno de María Antonieta.

IGNORANCIA

INGREDIENTES
1 parte de Ketel One Citron
(vodka con sabor a limón)
½ parte de Campari
½ parte de sirope de fruta de la pasión
2 partes de zumo de manzana
1 tirabuzón de naranja para adornar

Agita todos los ingredientes con hielo y vuelca en un vaso bajo con hielo o sirve directamente en una copa de Martini helada. Decora con el tirabuzón de naranja.

OCTUBRE ROJO

INGREDIENTES
1 parte de vodka
2 partes de aguardiente de cerezas
Refresco Seven Up hasta arriba

Agita el vodka y el aguardiente de cerezas en una coctelera con hielo triturado. Cuélalo a un vaso antiguo que tenga hielo hasta la mitad. Completa con un poco de Seven Up y adorna con guindas.

CHI-CHI

INGREDIENTES

1 ½ partes de vodka
2 partes de zumo de piña
1 parte de crema de coco
1 pizca de zumo de lima recién exprimido
1 rodaja de piña y una guinda de cóctel para adornar

Bate el vodka, el zumo de piña, la crema de coco y el zumo de lima con una cucharada de hielo en una batidora. Viértelo en una copa de copete o una ancha de champán y adorna con una rodaja de piña y una guinda.

CIELO

INGREDIENTES

1 ½ partes de vodka
1 parte de crema de cassis (licor de grosella negra)
2 gotas de Peychaud
½ lima (sólo el zumo)
Ginger ale hasta arriba
1 rodaja de lima para adornar

Coloca todos los ingredientes en un vaso alto lleno de hielo, remueve y completa con ginger ale. Adorna con una rodaja de lima y sírvelo con pajitas.

CURIOSIDAD

No se sabe a ciencia cierta de dónde proviene el vodka: unos dicen que de Rusia y otros que de Polonia. Nadie lo sabe realmente, aunque es muy discutido. En ruso, vodka quiere decir "agua pequeña" y su existencia data del s. IX, pero lo que conocemos hoy como vodka no apareció hasta el s. XVIII, fecha en la que se empezó a purificar los alcoholes por filtración.

NIEBLA MARINA

INGREDIENTES
3 partes de zumo de arándanos
y de frambuesas
3 partes de zumo de pomelo rosado
2 partes de vodka
Rodajas de lima y de limón helados
en cubitos de hielo

Agita fuerte los zumos de fruta y el vodka en una coctelera con hielo triturado. Cuélalo sobre un vaso alto lleno de hielo con cubitos decorados.

RUSO BLANCO

INGREDIENTES
2 partes de vodka
1 parte de Kahlua o licor de café
1-1½ partes de nata ligera

Agita el vodka y el Kahlua en una coctelera con hielo triturado y cuélalo a un vaso bajo con hielo hasta arriba. Deja flotar la nata ayudándote de la parte de atrás de una cuchara (*véase* pág. 15).

TRUCO
El Ruso Negro se hace exactamente igual, pero sin nata. Si quieres conseguir un cóctel más dulce y refrescante, en vez de nata, pon refresco de cola.

SAKETINI

INGREDIENTES
2 partes de sake
1 parte de vodka
½ parte de ginebra
½ parte de Cointreau o triple seco

Combina los ingredientes con hielo triturado en un vaso de mezclas. Remueve y cuélalo a una copa de cóctel. Sírvelo de inmediato y adorna con una rodaja de pepino y un trocito de cebollino.

CURIOSIDAD
El sake es una bebida que se hace con arroz fermentado y se toma en Japón. Su elaboración es muy parecida a la de la cerveza. El arroz se hace malta con un molde especial y se le deja fermentar. El contenido de alcohol del sake, un 14 por ciento, es más alto que el de la cerveza. Es una de las bebidas alcohólicas más antiguas que se conocen. Tiene por lo menos 6.800 años de antigüedad.

KITSCH REBELIÓN

INGREDIENTES
1 parte de Absolut Kurant
(vodka con sabor a baya)
½ parte de puré de fresa
Champán hasta arriba
Rodajitas de fresa para adornar

Agita el vodka y el puré de fresa juntos con hielo y cuélalo después a una copa aflautada. Completa con champán hasta arriba, remueve y adorna con rodajas de fresa.

LA BABUCHA DE MOSCÚ

INGREDIENTES

1 ½ partes de vodka
1 cucharadita de zumo de lima recién exprimido
Ginger ale hasta arriba

Vierte el vodka y el zumo de lima en un vaso previamente puesto a enfriar y con una tercera parte de hielos. Llénalo hasta los topes con ginger ale. Adorna con una rodaja de lima.

VESPER

INGREDIENTES

1 ½ partes de vodka
1 ½ partes de ginebra
½ parte de vermú seco
1 tirabuzón de limón para adornar

Agita todos los ingredientes y cuela doblemente en una copa de martini helada. Decora con un tirabuzón de limón.

CURIOSIDAD

Esta bebida se sirve al estilo de James Bond (se agita, pero no se remueve). Fue el propio Bond el que la creó en la novela Casino Royale *de Ian Fleming en 1953, y la llamó así en honor a la* femme fatal *protagonista del libro: Vesper Lynd. Bond nos dice: "Jamás bebo más de una copa antes de cenar. Pero la que tomo me gusta que sea grande, fuerte, muy fría y que esté muy bien preparada. Odio las medias tintas, especialmente cuando saben mal".*

VICIO DE ALBAHACA

INGREDIENTES
2 hojas de albahaca
½ parte vodka
1 chorro de sirope de frambuesa

Enrolla las hojas de albahaca y córtalas en trocitos finos. Colócalas en el fondo de un vaso de chupito y luego llena el vaso casi hasta arriba de hielo. Vierte encima el vodka, remuévelo y añade una gota de sirope de frambuesa.

PLASMA

INGREDIENTES

½ cucharadita de mostaza de Dijon
1 cucharadita de eneldo fresco picado
2 partes de Wyborowa Pepper
  (vodka con sabor a pimienta)
2 gotas de salsa de tabasco
4 gotas de salsa Worcestershire
½ limón (sólo el zumo)
Sal de apio y granos de pimienta negra para darle sabor
4 partes de zumo de tomate
2 cortezas de pepino finísimas
½ tomate cherry para adornar

"Debo admitir que he tenido días mejores, pero aún no me dejo engañar por el precio de un cóctel". Bette Davis en Eva al desnudo.

Mezcla la mostaza y el eneldo en la base de la coctelera para que formen una pasta. Después añade todos los ingredientes sin olvidar poner un poco de hielo. Agita todo para que se mezclen bien y cuélalo en un vaso alto con hielo. Adorna con cortezas de pepino y medio tomatito cherry.

POT SHOT

INGREDIENTES

1 rodaja de lima
1 parte Absolut Kurant
  (vodka con sabor a baya)
1 chorro de aguardiente
  de melocotón

Exprime la rodaja de lima en una coctelera; añade el vodka y el aguardiente y agita junto con hielo. Cuélalo a un vaso frío de chupito y bébelo de un trago.

PONCHE RUSO DE PRIMAVERA

INGREDIENTES

1 parte de vodka Stolichnaya
1 parte de zumo de limón recién exprimido
½ parte de puré de frambuesa
½ parte de crema de cassis (licor de grosella negra)
1 poco de frambuesa (licor de frambuesas)
1 chorro de sirope de azúcar
Champán hasta arriba
2 rodajas de limón y frambuesas para adornar

Agita todos los ingredientes (excepto el champán) con hielo y cuélalo sobre hielo a un vaso Catalina. Rellena con champán hasta arriba y adorna con dos rodajas de limón y frambuesas frescas.

GLITTERATI

INGREDIENTES

2 partes de vodka
1 pizca de vermú seco
1 tira de hoja de oro comestible

Mezcla el vodka, el vermú y la hoja de oro en un vaso mezclador. Ponlo con hielo muy triturado para que la hoja de oro se rompa. Viértelo en una copa de cóctel y sírvelo. Adorna la copa con cebolleta de cóctel y dos aceitunas negras. La hoja de oro comestible la puedes encontrar en tiendas de gourmet.

DOBLE VISIÓN

INGREDIENTES

1 parte de vodka de limón
1 parte de vodka de grosella negra
1 parte de zumo de manzana
1 parte de zumo de lima recién exprimido
½ parte de sirope de azúcar
3 pellizcos de angostura
1 rodaja de manzana para adornar

Pon todos los ingredientes en una coctelera con hielo triturado. Agita bien y cuélalo a una copa de cóctel. Sírvelo adornado con una rodaja muy fina de manzana.

MADRÁS

INGREDIENTES

2 partes de vodka
2 partes de zumo de arándanos
2 partes de zumo de naranja recién exprimido
Rodajas de naranja para adornar

Pon todos los ingredientes sobre hielo en un vaso alto, remueve y adorna con rodajas de naranja. Sírvelo con pajitas.

CURIOSIDAD

Los cócteles saben mejor en compañía. El Madrás es el cóctel perfecto para tomar en grupo pues es sencillo, refrescante y fácil de preparar. Llena una jarra con hielo, pon los ingredientes, remueve y sírvelo.

MARTINI POLACO

INGREDIENTES

1 parte de vodka Wyvorowa

1 parte de Zubrowka Bison
(vodka de la hierba de bisonte)

Remueve ambos ingredientes con hielo para que se enfríen mucho y cuélalo dos veces a una copa de martini también fría. Adorna con una rodaja de limón.

COSMOPOLITAN

INGREDIENTES

1 ½ partes de vodka de limón

1 parte de Cointreau o triple seco

1 parte de zumo de arándanos

1 chorro de naranja amarga

1 chorro de zumo de lima recién exprimido

Agita todos los ingredientes en una coctelera con hielo triturado. Cuélalo a una copa de cóctel ya fría. Adorna con una piel de naranja y sírvelo.

CRANKISS

INGREDIENTES

1 parte de Finlandia Cranberry (vodka con sabor a arándano)
Un poco de zumo de limón recién exprimido
1 chorro de licor de arándanos
Champán hasta arriba
1 rodaja de lima y arándanos para adornar

Pon todos los ingredientes en una copa de champán aflautada, remueve y adorna con la rodaja de lima y arándanos.

LIMONCELLO ITALIANO

INGREDIENTES

2 partes de vodka o vodka de limón (*véase* Truco)
½ parte zumo de limón
½ parte sirope de azúcar
Seven Up hasta arriba

Agita el vodka, el zumo de limón y el sirope en una coctelera con hielo triturado. Cuélalo a un vaso alto con hielo hasta la mitad y pon dentro una piel de limón alargada. Rellena con Seven Up hasta arriba.

TRUCO

Haz tu propio vodka de limón poniendo en remojo las pieles de seis limones y 100 g de azúcar en una jarra. Mantenlo ahí 3 ó 4 semanas acordándote de agitarla todos los días. Cuando haya tomado todo el sabor, cuela el vodka de nuevo a su botella original. Sirve este vodka como te indicamos en la receta. Otra posibilidad es guardar la botella en el congelador y servirlo en vasos de chupito previamente enfriados.

GINEBRA

CLUB TRÉBOL

INGREDIENTES

2 partes de ginebra
1 parte de granadina
1 clara de huevo
1 ó 2 cucharaditas
de zumo de lima
2 espirales de lima para adornar

Agita los ingredientes en una coctelera con hielo triturado. Cuélalo a una copa de cóctel previamente enfriada y sirve inmediatamente con dos espirales de lima.

MARTINI PARAÍSO

INGREDIENTES

2 partes de ginebra
1 ½ de zumo de naranja recién exprimido
½ parte de aguardiente de albaricoque
4 gotas de naranja amarga
1 rodaja de naranja flambeada

Agita todos los ingredientes con hielo y haz doble colación a una copa de martini previamente enfriada. Flambea la rodaja de naranja por encima de la bebida y luego déjala caer.

TRUCO

La rodaja de naranja flambeada siempre queda bien. Corta parte de la piel de una naranja en forma ovalada. Pellizca la piel por encima de la llama de tal forma que salga el aceite de la corteza. Al ponerse en contacto con la llama, se producirá un fogonazo y se expandirá un aroma fantástico.

PARK AVENUE

INGREDIENTES

1 ½ partes de ginebra
1 parte de vermú dulce
Un poco de zumo de piña

Remueve todos los ingredientes en un vaso mezclador con hielo hasta que esté verdaderamente frío.

Cuélalo a un vaso martini previamente enfriado y sírvelo inmediatamente.

KIWI KRAZE

INGREDIENTES

3 partes de zumo de frutas de kiwi
1 parte de ginebra
1 pizca de absenta
Tónica
Rodajas de kiwi para adornar

Agita el zumo de kiwi, la ginebra y un buen chorro de absenta en una coctelera con hielo triturado. Cuélalo a un vaso bajo con hielo hasta la mitad. Rellena hasta arriba con tónica. Adorna con una rodaja de kiwi.

ABEJORRO

INGREDIENTES

1 cucharadita de miel líquida
1 chorro de zumo de limón recién exprimido
2 partes de ginebra
2 rodajas de limón para adornar

Llena de hielo un vaso bajo y añade la miel y el zumo de limón. Remueve mientras vas poniendo lentamente la ginebra y completa con más hielo triturado. Adorna con rodajas de limón y sírvelo con pajitas pequeñas.

GIN TONIC DE ENDRINAS

INGREDIENTES

1 parte de ginebra
1 parte de ginebra de endrina
1 parte de zumo de lima recién exprimido
½ parte de sirope de azúcar
Tónica hasta arriba

Agita las ginebras, el zumo de lima y el sirope de azúcar en una coctelera con hielo triturado y cuélalo en un vaso alto lleno de hielo. Completa con tónica y sírvelo con una rodaja de lima.

GALLO ROJO

INGREDIENTES

2 partes de ron claro
1 parte de ginebra
1 parte de zumo de limón o de lima
recién exprimido
1 parte de Cointreau o triple seco
1 espiral de naranja para adornar

Remueve o agita con hielo triturado. Cuélalo a una copa de cóctel previamente enfriada y sirve inmediatamente. Adorna con una espiral de piel de naranja.

ARTHUR TOMPKINS

INGREDIENTES

2 partes de ginebra
½ parte de Grand Marnier
1 chorrito de limón recién exprimido
1 rodaja de limón para adornar

Agita suavemente la ginebra, el Grand Marnier y el zumo de limón con hielo y cuélalo a un vaso bajo con hielo. Adorna con una rodaja de limón y sírvelo con pajitas pequeñas.

PÁPIRO

INGREDIENTES

1 ½ partes de ginebra
1 parte de crema verde de menta
1 parte de zumo de limón recién exprimido
Rodajas de limón y espirales para adornar

Agita un poco todos los ingredientes con hielo y cuélalo a un vaso bajo con hielo. Adorna con rodajas de limón y espirales.

CURIOSIDAD

Utilizada con propósitos curativos, se dice que el origen de la ginebra se remonta al s. XVII en Holanda y se convirtió en bebida de la alta sociedad en la década de 1920, la "Era del cóctel", mezclándola preferiblemente con tónica y una rodaja de lima o con martini. Se ha convertido en una de las bebidas más conocidas y consumidas en todo el mundo, siendo imprescindible en fiestas. La palabra "Gin" viene del francés "genièvre" (enebro, en español), pues es uno de los múltiples sabores que se añaden a esta bebida.

RASPBERRY CRUSH

INGREDIENTES

15 frambuesas frescas
1 parte de ginebra
1 parte de licor de frambuesa
o sirope de azúcar
1 chorro de zumo de limón recién exprimido
Soda hasta arriba
Algunas frambuesas y hojas de menta
para adornar

Mezcla la fruta, la ginebra, la frambuesa o el sirope de azúcar y el zumo de limón en un vaso con hielo hasta la mitad. Mézclalo bien hasta que espese un poco. Viértelo a un vaso bajo y añade un poco de soda hasta arriba. Adorna con frambuesas y hojas de menta.

CÓCTEL DUBONNET

INGREDIENTES

1 parte de ginebra
1 parte de Dubonnet rojo
Tirabuzón de limón para adornar

Agita los ingredientes con fuerza en una coctelera con hielo partido. Sírvelo tal cual o con trozos de hielo en un vaso bajo. Adorna con una piel de limón.

TRUCO

Muy popular en la década de 1950, el Dubonnet rojo es un aperitivo francés a base de vino tinto con quinina y hierbas amargas. Si lo prefieres más seco, pon más ginebra.

MARTINI GIBSON

INGREDIENTES

½ parte extra de vermú seco
2 partes de ginebra
4 cebollitas

Remueve el vermú con hielo en un vaso mezclador y cuela todo el líquido de forma que sólo quede el hielo. Añade ginebra y muévela hasta que se enfríe. Cuela la mezcla en una copa de martini que ya tengas fría y adorna con las cebollas de perla en un palillo. Si, por el contrario, lo adornas con una aceituna o una rodaja de limón, tienes un martini seco. (*Véase* pág. 57)

BRONX

INGREDIENTES

2 partes de ginebra
2 partes de vermú seco
1 parte de vermú dulce
⅓ parte de zumo de naranja
1 espiral de naranja para adornar

Agita los ingredientes con fuerza en una coctelera con hielo partido. Cuélalo a una copa de cóctel que tengas ya fría y sírvelo inmediatamente, adornando con una espiral de piel de naranja.

NARANJA EN FLOR

INGREDIENTES

1 parte de ginebra
1 parte de zumo de naranja
Rodajas de naranja para adornar

Agita los ingredientes en una coctelera con hielo en trocitos. Cuélalo a un vaso bajo (enfriado) y sírvelo. Adorna con rodajas de naranja.

MARTINI ÓPALO

INGREDIENTES

2 partes de ginebra
1 parte de triple seco o Cointreau
2 partes de zumo de naranja recién exprimido
1 rodaja de naranja flambeada para adornar

Agita todos los ingredientes con hielo y cuélalo a una copa de martini que hayas enfriado previamente. Adorna con rodajas de naranja flambeada.

CURIOSIDAD

Mundialmente conocido como el auténtico "Neo-tini", el Martini Ópalo se creó para enmascarar el sabor de la ginebra en la época de la ley seca. Con el tiempo, se ha convertido en una bebida muy apetecible, equilibrada y potente, a pesar de sus accidentados inicios.

AVIACIÓN

INGREDIENTES

1 ½ partes de ginebra
2 chorros de licor de guindas
1 parte de zumo de limón recién exprimido
1 guinda de cóctel para adornar

Agita los tres ingredientes con hielo y cuélalo a una copa martini enfriada. Adorna con una sola guinda.

DRY MARTINI

INGREDIENTES

4 partes de ginebra
1 parte de vermú seco
1 aceituna verde deshuesada para adornar

Remueve los ingredientes con hielo en trocitos en un vaso mezclador. Cuélalo a una copa de cóctel enfriada y sírvelo inmediatamente. Adorna con una aceituna verde sin hueso.

"¿Por qué no te quitas ese abrigo empapado y te metes un buen Dry Martini?" Charles Butterworth, en Todos los días son fiesta

COLLINS DE FRAMBUESA

INGREDIENTES

2 partes de ginebra
1 ½ partes de puré de frambuesa
½ parte de zumo de limón recién exprimido
½ parte de licor de frambuesa
1 chorro de sirope de azúcar
1 chorro de naranja amarga
Soda hasta arriba
2 frambuesas y una rodaja de limón para adornar

Agita los primeros seis ingredientes con hielo y cuélalo a un vaso alto previamente enfriado con hielo. Completa con soda hasta arriba y remueve. Adorna con frambuesas y una rodaja de limón.

GIMLET

INGREDIENTES

2 partes de ginebra
1 parte de licor de lima
½ parte de agua (opcional)
1 rodaja de lima

Remueve todos los ingredientes líquidos con hielo hasta que se hayan enfriado por completo y cuélalo a una copa de martini fría. Exprime la rodaja de lima sobre la bebida y luego déjala dentro.

CURIOSIDAD

El "Gimlet" fue inmortalizado por Raymond Chandler en El largo adiós. *Para evitar el escorbuto, los marineros británicos tomaban vitamina C atiborrándose de lima "Roses" (de aquí viene el epíteto Limey que significa familiarmente "inglés"). Los marineros mezclaban el licor de la lima con su ración diaria de ron y la herramienta con la que sacaban el líquido del tonel, se llamaba Gimlet.*

MAXIM

INGREDIENTES

1 ½ partes de ginebra
1 parte vermú seco
1 chorro de crema blanca de cacao
1 guinda para adornar

Agita todos los ingredientes con hielo hasta que se haya enfriado la bebida; cuélalo en una copa de martini enfriada y adorna con una guinda.

CURIOSIDAD

El vermú se remonta a la Edad Media, cuando los monjes de los monasterios remojaban las hierbas en vino para preservarlas. Estas hierbas se utilizaban con propósitos curativos. La palabra vermú viene del alemán "Vermut" que significa "ajenjo", un ingrediente esencial.

LA HERMANA DE ALEXANDER

INGREDIENTES

1 ½ partes de ginebra
1 parte de crema de menta verde
1 parte de nata ligera
Nuez moscada para adornar

Agita todos los ingredientes líquidos con hielo y cuélalo a una copa de martini previamente enfriada. Espolvorea un poco de nuez moscada al final.

TOM COLLINS

INGREDIENTES
2 partes de ginebra
1 parte de zumo de limón recién exprimido
1 parte de sirope de azúcar
Soda hasta arriba
Hojas de menta para adornar

Agita todos los ingredientes en una coctelera con hielo triturado. Cuélalo a un vaso Collins. Añade cubitos de hielo y completa el vaso con soda hasta arriba. Adorna con hojas de menta.

CURIOSIDAD

Este clásico se tomaba en un principio con la ginebra "Old Tom". La leyenda cuenta que cierto capitán Dudley Bradstreet , de Londres, burló el impuesto sobre ginebra que se había instaurado en 1736 (1736 Gin Act) haciendo una señal en el lomo de su gato. Mediante ella, los clientes sabían desde fuera de la casa si podían comprarle ginebra o no.

SINGAPORE SLING

INGREDIENTES

2 partes de ginebra
1 parte de aguardiente de cerezas
½ parte de zumo de limón recién exprimido
1 chorro de Benedictine
1 chorro de Cointreau o triple seco
Soda hasta arriba
Rodajas de limón y naranja y guinda para adornar

Agita la ginebra, el aguardiente de cerezas, el limón, el Benedictine y el Cointreau en una coctelera con hielo picado. Cuélalo a un vaso Collins previamente enfriado. Añade cubitos de hielo y soda hasta arriba. Adorna con rodajas de naranja y de limón y una guinda.

CURIOSIDAD

Creado por el barman del hotel Raffles de Singapur en 1915, el Singapore Sling se puso de moda de nuevo en la década de 1950 por la atracción que provocaban las bebidas adornadas con parasoles de los mares del Sur.

GINEBRA GEENIE

INGREDIENTES

6 hojas de menta

½ parte de zumo de limón recién exprimido

1 chorro de sirope de azúcar

2 partes de ginebra

1 ramito de menta para adornar

Machaca en el fondo de un vaso bajo las hojas de menta, el zumo de limón y el sirope de azúcar. A continuación, pon hielo y remueve. Muy lentamente, vierte la ginebra y vuelve a remover. Adorna con un ramito de menta y sirve con pajitas.

INVITATION ONLY (SÓLO INVITACIÓN)

INGREDIENTES

3 partes de ginebra

½ parte de sirope de azúcar

½ parte de zumo de lima recién exprimido

1 clara de huevo

1 chorro de crème de mûre (licor de mora)

2 moras para adornar

Agita y cuela los primeros cuatro ingredientes sobre hielo a un vaso alto.

Rocía la bebida con el licor de mora y adorna con dos moras.

TRUCO

No te olvides de esas botellas de licor que tienes en la parte de atrás del armario. La crème de mûre es un licor francés de zarzamora que va estupendamente con la ginebra.

BREAKFAST MARTINI

INGREDIENTES

1 cucharadita de mermelada de naranja amarga
2 partes de ginebra
1 chorro de zumo de limón
½ parte de triple seco
3 triángulos pequeños de pan tostado con mantequilla y mermelada, para adornar

Remueve la mermelada con la ginebra en una coctelera hasta que se disuelva; luego añade el zumo de limón y el triple seco. Agita hasta que se enfríe. Cuélalo a una copa de martini y adorna con el pan tostado.

GIN SOUR (GINEBRA AMARGA)

INGREDIENTES

2 partes de ginebra
2 partes de zumo de naranja recién exprimido
1 parte de zumo de limón
1 parte de clara de huevo
½ parte de sirope de azúcar
1 rodaja de limón para adornar

Agita todos los ingredientes líquidos con hielo y cuélalo a un vaso alto lleno de hielo. Adorna con una rodaja de limón y sírvelo con pajitas.

CURIOSIDAD

El Sour (amargo) se inventó hacia 1850 con el aguardiente amargo. Los "sour" deben su nombre a la poca cantidad de esencias dulces y a la relativa gran cantidad de zumo de limón.

ARIZONA COOLER

INGREDIENTES

4 partes de zumo de arándanos
2 partes de ginebra
2 partes de zumo de pomelo
Rodajas de lima para adornar

Llena un vaso alto con hielo y añade zumo de arándano. Agita la ginebra y el zumo de uva con hielo y cuélalo sobre el zumo de arándano para crear un efecto "flotante". Adorna con rodajas de lima y sírvelo con pajitas.

HEDGEROW SLING (SETO COLGANTE)

INGREDIENTES

2 partes de ginebra de endrina
1 parte de zumo de limón recién exprimido
1 chorro de sirope de azúcar
Soda hasta arriba
½ medida de licor de mora (crème de mûre)
2 arándanos, 2 moras y 1 rodaja de limón para adornar

Agita la ginebra, el zumo de limón y el sirope de azúcar con hielo y cuélalo a un vaso alto lleno de hielo. Completa hasta arriba con soda y rocía con el licor de zarzamora. Adorna con arándanos, zarzamoras y una rodaja de limón.

ALEXANDER

INGREDIENTES

2 partes de ginebra

1 parte de crema de cacao

1 parte de nata espesa

Agita los ingredientes con fuerza en una coctelera con hielo partido. Cuélalo a una copa de champán previamente enfriada y sírvela inmediatamente. Dale un toque final espolvoreando un poco de cacao.

MAIDEN'S BLUSH (EL SONROJO DE LA DONCELLA)

INGREDIENTES

1 ½ partes de ginebra

½ parte de triple seco

1 chorro de granadina

1 chorro de zumo de limón recién exprimido

Rodajas de limón para adornar

Agita todos los ingredientes líquidos con hielo y cuélalo a un vaso bajo lleno hasta arriba de hielo. Adorna con rodajas de limón y sírvelo con pajitas cortas.

CURIOSIDAD

Hay tres clases de ginebra: la London Dry Gin (ginebra seca londinense) que a pesar de tener ese nombre, se puede hacer en cualquier parte del mundo. La Plymouth Gin, que sólo se hace en Plymouth (Inglaterra) por la calidad del agua en esa zona y la Old Tom Gin, una ginebra dulce que en su tiempo fue la más conocida y que ahora ha quedado casi obsoleta.

RON

MELOCOTÓN CUBANO

INGREDIENTES

1 parte de aguardiente de melocotón
1 parte de ron blanco cubano
1 cucharadita de zumo de lima
1 pellizco de azúcar

Agita todos los ingredientes con fuerza en una coctelera con hielo machacado. Cuélalo a una copa de cóctel con hielo hasta la mitad. Deja flotar dos rodajas muy finas de melocotón junto con una ramita de menta para adornar.

CANCHANCHARA

INGREDIENTES

1 parte de miel líquida
2 partes de ron blanco
1 parte de zumo de lima
1 chorro de soda
1 rodaja de lima para adornar

En un vaso bajo con base gruesa, remueve la miel, el ron y el zumo de lima hasta que la miel esté completamente disuelta. Después añade el hielo, remueve otra vez y adorna con una rodaja de lima. Sirve con un bastoncillo de remover.

FULGOR FESTIVO

INGREDIENTES

2 cucharadas de azúcar moreno
2 cucharadas de agua
2 cucharadas de zumo de naranja
1 palo de canela pequeño
1 anís estrellado
160 ml de vino tinto
1 cucharada de ron oscuro o dorado

CURIOSIDAD

Hay un sabor a las Indias Occidentales en cada trago de ron: es la melaza. Casi todos los rones están hechos a partir de este sirope oscuro y dulce, producto de la caña de azúcar. El agua y la levadura se le añaden para ayudar a la fermentación. Después, cada destilería de ron le dotará de un sabor propio y exclusivo siguiendo una receta celosamente guardada.

Pon el azúcar, el agua, el zumo de naranja, el barquillo de canela y el anís estrellado en una sartén pequeña y caliéntalo hasta que el azúcar se haya disuelto; luego llévalo casi a ebullición. Apártalo del fuego durante 10 minutos para que macere bien. Añade el vino a la sartén y caliéntalo. Coloca el palo de canela en un vaso caliente tipo toddy. Después, toma el ron con un cucharón pequeño de sopa y caliéntalo sobre la llama moviéndolo suavemente hasta que se prenda. Con cuidado, viértelo dentro del vaso con vino caliente. Deja que las llamas se vayan apagando y espera a que el borde del vaso esté frío antes de tomarlo.

EL ORO DE ACAPULCO

INGREDIENTES

2 partes de zumo de piña
1 parte de zumo de uva
1 parte de tequila
1 parte de ron oscuro
1 parte de leche de coco

Mezcla todos los ingredientes en una coctelera con hielo triturado. Agita bien. Cuélalo a un vaso Boston con cubitos de hielo hasta la mitad. Decóralo con una pajita en espiral y una palmera con un mono subido.

AUSTIN POWERS

INGREDIENTES

3 partes de zumo de manzana
1 parte de ron oscuro con especias
½ parte de Amaretto
½ parte de licor azul de Curaçao
½ parte de zumo de lima recién exprimido

Agita todos los ingredientes en una coctelera con hielo partido. Cuélalo a un vaso Boston o vaso alto con hielo hasta la mitad. Adorna con rodajas de naranja, fresas y guindas. Sírvelo con pajitas y una sombrilla.

BRISA DE ALMENDRA

INGREDIENTES
1 parte de ron blanco
½ parte de Amaretto o de horchata
½ parte de licor de melón
Tónica hasta arriba

Agita el ron y los licores en una coctelera con hielo triturado. Cuélalo a un vaso alto lleno de cubitos de hielo hasta la mitad. Completa con tónica hasta arriba.

CURIOSIDAD

Se cree que el ron se inventó en el s. XVI. Al principio era una bebida poco refinada que sólo consumían los colonizadores, pero su fama se extendió por toda Europa Occidental y después por todo el mundo. El ron se hace con el zumo dulce de la caña de azúcar, aunque algunas destilerías usan la melaza. Actualmente, se deja que el ron envejezca en barriles de roble entre 1 y 30 años. Hay dos tipos de ron: claro y oscuro. El oscuro es el resultado de estar más tiempo en barril y del caramelo añadido.

MOJITO

CURIOSIDAD
"Muddling" (majar) es el término que se utiliza en inglés para definir el proceso por el cual una fruta o una hierba se machaca para que pueda desprender sabor. La persona que se dedica a hacer cócteles suele utilizar para ello una especie de bastón con punta roma muy parecido al del mortero.

INGREDIENTES
8 hojas de menta
½ lima
2 chorros de sirope de azúcar
2 partes de ron blanco
1 chorro de soda
1 ramito de menta para adornar

Machaca la menta, la lima y el sirope de azúcar en la base de un vaso alto. Llena el vaso con hielo triturado y añade el ron. Remueve, ponle el chorro de soda y para terminar adórnalo con un ramito de menta y sírvelo con pajitas largas.

HONEYSUCKLE

INGREDIENTES
1 parte de ron Creole Shrub
1 parte de ron oscuro
½ parte de zumo de lima
½ parte de miel de azahar
4 gotas de naranja amarga
1 rodaja de naranja flambeada, para adornar

Agita todos los ingredientes con hielo y cuélalo a una copa de martini previamente enfriada. Adorna con la rodaja de naranja flambeada.

CÓCTEL HABANA

INGREDIENTES

1 parte de crema de jerez
1 parte de ron dorado
1 cucharadita de zumo de limón
o zumo de lima
Espirales de lima o limón

Agita los ingredientes con fuerza en una coctelera con hielo en trozos. Cuélalo a una copa de cóctel. Adorna con una espiral de lima o limón.

MAI TAI

INGREDIENTES

1 parte de ron claro
½ parte ron oscuro
1 parte de zumo de naranja
1 parte de aguardiente de albaricoque
½ parte de tequila
½ parte de Cointreau o triple seco
2 chorros de granadina
1 chorro de amaretto u horchata
1 chorro de angostura amarga

Agita con fuerza los ingredientes en una coctelera con hielo partido. Cuélalo a un vaso bajo o a una copa ancha con hielo hasta la mitad. Decora con rodajas de naranja, limón y lima, una guinda y un ramito de menta.

KNICKERBOCKER

INGREDIENTES

5 partes de ron claro
1 parte de zumo de limón recién exprimido
1 parte de sirope de frambuesa
1 parte de sirope de piña
Espirales de naranja y una guinda, para adornar

Agita los ingredientes con fuerza en una coctelera con hielo partido. Cuélalo a una copa de cóctel previamente enfriada y sírvelo. Adorna con espirales de piel de naranja y una guinda.

TRE

INGREDIENTES

2 partes de ron dorado
1 parte de zumo de manzana
2 chorros de Chambord (licor de frambuesas negras)
1 chorro de sirope de azúcar
1 rodaja de lima para adornar

Pon todos los ingredientes en un vaso mezclador y después llénalo de hielo hasta arriba. Remueve todo para que se enfríe y a continuación cuélalo a una copa de martini que has tenido en el congelador. Pruébalo antes para ajustar el dulce. Adorna con una rodaja de lima.

CURIOSIDAD

El Chambord es un licor francés hecho a base de miel y frambuesas negras. Las frambuesas se recolectan a mano y se ponen a madurar en barriles de roble. La elegante botella de Chambord, con su decoración de latón y forma de bola terrestre y corona, es imprescindible en cualquier bar de cócteles que se precie.

BACARDI

INGREDIENTES

2 partes de ron blanco Bacardi
1 parte de zumo de lima o de limón recién exprimido
1 parte de granadina

Agita los ingredientes con fuerza en una coctelera con hielo partido. Cuélalo a un vaso bajo previamente enfriado y sírvelo. Adorna con una rodaja de limón y una guinda.

TÉ HELADO WEST INDIAN

INGREDIENTES

1 parte de Bacardi Oro (ron oro)
½ parte de Grand Marnier
1 parte de zumo de naranja recién exprimido
4 hojas de menta
4 partes de té helado "English breakfast"
1 rodaja de naranja y una ramita de menta, para adornar

Agita todos los ingredientes (incluidas las hojas de menta, no la ramita) con hielo y cuélalo a un vaso alto lleno de hielo. Adorna con una rodaja de naranja y una ramita de menta y sirve con pajitas en un día soleado.

DAIQUIRI DE PLÁTANO

INGREDIENTES

1 plátano pequeño en rodajas
1 parte de ron blanco
1 parte de ron dorado
½ parte de crema de plátano
½ parte de zumo de lima recién exprimido
½ parte de leche de coco
1 cucharadita de sirope de azúcar

Bate todos los ingredientes con una cucharada de hielo hasta que no queden grumos. Viértelo en un vaso Boston ancho previamente enfriado. Añade algunos cubitos de hielo. Adorna con una gran hoja de plátano que puedes comprar en los supermercados.

PRESIDENTE

INGREDIENTES

2 partes de ron blanco
½ parte de vermú seco
½ parte de vermú dulce
1 chorro de triple seco
1 rodaja de naranja

Remueve todos los ingredientes líquidos en un vaso mezclador con hielo hasta que todo quede frío. Cuélalo a una copa martini, exprime la rodaja de naranja sobre la bebida y déjala dentro.

TRUCO

Muchas recetas de cócteles empiezan: "remuévelo con hielo y luego cuélalo"; pero, ¿cuál es la mejor manera de hacerlo? Primero, pon los ingredientes en un vaso mezclador y después el hielo. Usa una cuchara de palo largo (mejor aún si el mango es retorcido) y remueve la bebida despacio hasta que se enfríe. A continuación, cuélalo a una copa con un colador Hawthorne. Lo normal es que sea una copa martini.

DAIQUIRI DE FRESAS

INGREDIENTES

2 partes de ron blanco
½ parte de licor de fresas
1 parte de zumo de lima recién exprimido
1 chorro de sirope de fresa
4 fresas maduras
1 fresa en rodajas

Bate todos los ingredientes con una cucharada de hielo y viértelo a una copa martini. Adorna con rodajas de fresa puestas al borde de la copa ensartadas en un palito.

CURIOSIDAD

Daiquiri se denomina al cóctel cuyos ingredientes principales son el ron y el zumo de lima. Hay muchas versiones de Daiquiri, pero las más famosas son las que se crearon en el no menos conocido "Floridita" de La Habana. Daiquiri también es el nombre de una playa de Santiago de Cuba y una mina de hierro en esa zona. Precisamente, se dice que el Daiquiri lo inventó Jennings Cox, un ingeniero americano que trabajaba en la mina. Si tenía invitados y se quedaba sin ginebra, preparaba ron local al que añadía zumo de lima y azúcar para endulzar el sabor. En 1909, el Almirante Lucius W. Jhonson, un oficial médico de la marina americana probó este preparado de ron de Cox, le gustó y lo introdujo en el Club de Oficiales de Washington D.C. Ernest Hemingway era famoso también por los daiquiris que preparaba y los bebió mucho en La Habana mientras escribía ¿Por quién doblan las campanas?

PIÑA COLADA

INGREDIENTES

2 partes de ron dorado, blanco u oscuro
3 partes de zumo de piña o ½ taza de piña en dados
1 parte de crema de coco o leche fresca de coco
½ parte de nata ligera
2 chorros de Angostura amarga (opcional)

Mezcla todos los ingredientes con cuatro o cinco cubitos de hielo en la batidora. Bate hasta que espese. Viértelo a una copa ancha Goblet o a una copa Boston. Adorna con una rodaja grande de piña y una guinda.

MIAMI

INGREDIENTES

5 partes ron claro
2 partes de zumo de limón recién exprimido
2 partes de crema de menta blanca
Piel de naranja para adornar

Agita con fuerza en una coctelera con hielo partido. Cuélalo a una copa de cóctel previamente enfriada y sírvelo. Adorna con una piel de naranja en forma de tirabuzón.

CUBA LIBRE

INGREDIENTES

2 partes de ron blanco

½ lima

Refresco de cola hasta arriba

Pon ron a un vaso lleno de hielo hasta arriba. Corta la lima en cuatro trocitos y exprímelos encima de la bebida dejándolos luego caer dentro. Rellena con cola hasta arriba y sírvelo con pajitas.

CURIOSIDAD

El Cuba Libre lo inventaron, supuestamente, los soldados americanos al mezclar un nuevo refresco llamado Coca-Cola, con el ron local cubano y un poco de zumo de lima exprimida. Lo más importante de señalar es que lo que verdaderamente diferencia un Cuba Libre de un simple ron con cola es la lima exprimida.

HAVANA BEACH

INGREDIENTES

2 partes de ron cubano dorado o blanco

3 partes de zumo de piña

1 cucharadita de sirope de azúcar

Ginger ale hasta arriba

Agita el ron, el zumo de piña y el sirope en una coctelera con hielo. Cuélalo a un vaso bajo con hielo en cubitos hasta la mitad. Completa con ginger ale. Adorna con trocitos de piña en forma de cubo.

LA BRUJA BLANCA

INGREDIENTES

1 parte de ron blanco
½ parte de crema de cacao blanco (licor de chocolate)
½ parte de Cointreau
1 chorro de zumo de lima recién exprimido y soda hasta arriba
1 rodaja de lima y una de naranja para adornar

Agita el ron, la crema de cacao, el Cointreau y el zumo de lima todo junto y cuélalo a un vaso bajo lleno de hielo. Completa con soda y remueve. Adorna con rodajas de lima y de naranja.

LA VIUDA NEGRA

INGREDIENTES

1 ½ parte de ron oscuro
1 parte de Southern Comfort
½ parte de zumo de lima recién exprimido
2 chorros de sirope de azúcar
4 gotas de Angostura amarga
1 rodaja de lima para adornar

Agita todos los ingredientes con hielo y cuélalo a una copa martini bien fría. Para adornar, pon una rodaja de lima en el borde de la copa.

LA ISLA DE BARLOVENTO

INGREDIENTES

1 parte de ron dorado
½ parte de Tía María
Refresco de cola hasta arriba

Agita el ron y el Tía María con fuerza en una coctelera con hielo en trocitos. Cuélalo a un vaso bajo casi lleno hasta arriba de cubitos de hielo. Completa con cola y adorna con rodajas de naranja.

ZOMBIE

INGREDIENTES

1 parte de ron oscuro
1 parte de ron claro
1 parte de ron dorado
½ parte de aguardiente de albaricoque
½ parte de curaçao
2 partes de zumo de naranja
2 partes de zumo de piña
½ parte de sirope de granadina
1 parte de zumo de lima recién exprimido
Espiral larga de piel de naranja para adornar

Agita todos los ingredientes con fuerza en una coctelera con hielo. Cuélalo a un vaso Boston lleno de hielo. Deja flotar ½ parte de ron fuerte arriba. (Ron fuerte es cualquiera que tenga más de un 57 por ciento de alcohol). Adorna con una piel larga de naranja en espiral.

GRANADA

INGREDIENTES
2 partes de ron oro
1 parte de zumo de naranja recién exprimido
½ parte de vermú dulce
Canela molida

Agita todos los ingredientes líquidos con hielo y cuélalo a una copa martini bien fría. Rocía la canela a través de una llama sobre la superficie de la bebida.

PLANTER'S PUNCH (EL PONCHE DEL COLONO)

INGREDIENTES
3 partes de ron oscuro jamaicano
1 parte de zumo de lima recién exprimido
1 cucharadita de azúcar
1 chorro de angostura amarga
Soda

Agita el ron, el zumo de lima, el azúcar y los amargos en una coctelera con hielo. Cuélalo a un vaso alto con hielo hasta la mitad. Añade la soda para completar. Adorna con una guinda, un dado de piña, una rodaja de naranja y un ramito de menta.

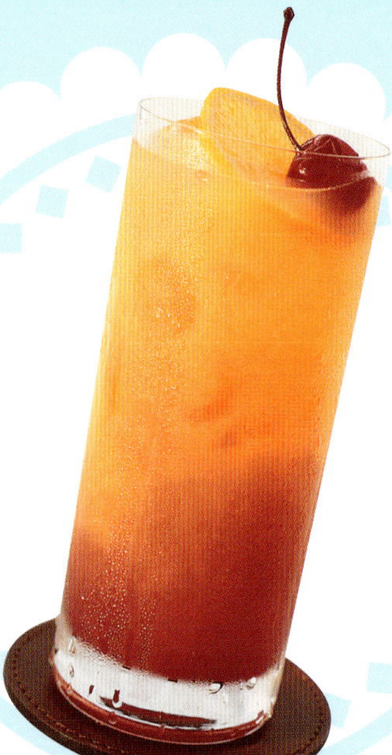

TEQUILA

MARGARITA

INGREDIENTES

2 partes de tequila
1 parte de Cointreau o triple seco
½ parte de zumo de lima recién exprimido
1 rodaja de lima para adornar

Pasa una rodaja de lima por el borde de una copa de cóctel o de una copa margarita y después mételo en sal. Agita los ingredientes con fuerza en una coctelera con hielo. Cuélalo a la copa. Sírvelo inmediatamente adornado con una rodaja de lima.

FROZEN STRAWBERRY MARGARITA

INGREDIENTES

4 fresas maduras
1 parte de tequila oro
1 parte de zumo de lima recién exprimido
½ parte de Cointreau
½ parte de licor de fresas
1 fresa en rodajas para adornar

Bate todos los ingredientes con una cucharada de hielo partido. Sírvelo en una copa de margarita grande adornada con una fresa en rodajas en el borde.

TRUCO

Cuando hayas metido la copa en sal, asegúrate de que la parte interior del borde está limpia y de que no va a caer después ni un grano de sal en la bebida.

MARGARITA FRUTA DE LA PASIÓN

INGREDIENTES

1 ½ partes de tequila oro
1 parte de zumo de lima recién exprimido
½ parte de sirope de fruta de la pasión
1 parte de Cointreau
1 fruta de la pasión; sólo la pulpa
1 piel de lima para adornar

Agita todos los ingredientes con hielo y cuélalo a una copa de margarita. Adorna con una piel de lima en el borde.

CURIOSIDAD

Los orígenes de la Margarita, como los de la mayoría de los cócteles, están basados en leyendas. Su tierra natal es México y se cuenta que un barman la inventó en memoria de una bellísima mujer, desafortunada en amores, que se llamaba Margarita.

TIJUANA

INGREDIENTES

1 ½ partes de tequila oro
½ parte de crema de cassis
(licor de grosella negra)
½ parte de zumo de lima recién exprimido
2 gotas de Peychaud
Ginger ale hasta arriba
1 rodaja de lima y arándanos para adornar

Vierte el tequila, la crema de cassis, el zumo de lima y los amargos en una coctelera con hielo. Agítalo bien. Cuélalo a un vaso alto y estrecho. Completa con ginger ale y adorna con una rodaja de lima y arándanos. Sírvelo con pajitas.

OLA MEXICANA

INGREDIENTES

1 parte de tequila
½ parte de crema de cassis
(licor de grosella negra)
½ parte de sirope de azúcar
Ginger ale hasta arriba
Rodajas de lima para adornar

Agita el tequila, la crema de cassis y el sirope de azúcar en una coctelera con hielo partido. Cuélalo a un vaso bajo, completa hasta arriba con ginger ale y mézclalo con un bastoncillo de remover. Para adorno, deja flotar alguna rodaja muy fina de lima.

TEQUILA SUNRISE

INGREDIENTES

2 partes de tequila
5 partes de zumo de naranja
½ parte de granadina
1 rodaja de naranja y una guinda, para adornar

Vierte el tequila y el zumo de naranja en un vaso alto lleno de hielo. Remuévelo. Cuando se haya mezclado bien, vierte la granadina haciendo círculos sobre la parte de arriba de la bebida hasta que haya llegado abajo. Adorna con una rodaja de naranja y una guinda.

CURIOSIDAD

Se cree que el Tequila Sunrise se preparó por primera vez en el Hipódromo de Agua Caliente, en México, en la época de la prohibición, cuando los californianos cruzaban la frontera para tomar parte en las carreras y beber licor de forma legal.

THIGH HIGH

INGREDIENTES

1 parte de tequila oro
1 parte de crema oscura de cacao
1 parte de nata ligera
3 fresas
1 chorro de sirope de fresa
1 fresa en rodajas para adornar

Bate bien todos los ingredientes con un poco de hielo y sírvelo en un vaso tipo huracán. Coloca la fresa en el borde del vaso para adornar.

TRUCO

Acuérdate siempre de probar el cóctel antes de ponerlo definitivamente en la copa, pues una vez lo tengas en el vaso con sus adornos, no podrás comprobar si le falta algo dulce o amargo. Eso significa que no podrás ajustar el sabor añadiendo sirope de azúcar o zumo de lima, dependiendo de lo que le falte.

BAJA SOUR

INGREDIENTES

1 ½ partes de tequila oro
2 gotas de naranja amarga
1 parte de zumo de limón
½ parte de sirope de azúcar
½ clara de huevo
1 chorro de jerez seco
Rodajas de limón para adornar

Agita todos los ingredientes, excepto el jerez, con hielo y cuélalo a un vaso bajo lleno de hielo. Luego, deja caer unas gotas del jerez por encima y adorna con rodajas de limón.

TEQUINI

INGREDIENTES

3 partes de tequila plata
3 gotas de naranja amarga
½ parte de vermú seco
2 aceitunas negras para adornar

Pon todos los ingredientes en un vaso mezclador. Añade hielo y remueve muy bien hasta que quede frío. Cuélalo a una copa martini que hayas tenido antes en el congelador y adorna con dos aceitunas negras pinchadas en un bastoncito.

FRUTA DEL BOSQUE

INGREDIENTES

1 rodaja de lima
Azúcar moreno
2 moras
2 frambuesas
2 cucharaditas de Chambord
(licor de frambuesas negras)
2 cucharaditas de licor de mora (crème de mûre)
1 ½ partes de tequila plata
½ parte de Cointreau
1 parte de zumo de limón recién exprimido
Rodajas de limón para adornar

CURIOSIDAD

El primer Cointreau que se estableció como firma fue el confitero Adolphe Cointreau, que lo hizo junto a su hermano Edouard-Jean en 1849, en Angers, Francia. El licor de Cointreau que hoy conocemos lo inventó Edouard Cointreau (hijo de Edouard-Jean) y se empezó a comercializar en los mercados de todo el mundo a partir de 1870. Está elaborado con pieles de naranja dulces y amargas y su receta es todo un secreto. Estas naranjas llegan a Francia desde todo el mundo y se maceran en alcohol durante semanas para sacarles los sabores y aromas del cítrico.

Humedece el borde de un vaso bajo grande con la rodaja de lima y cúbrelo de azúcar moreno. En el vaso, machaca las frambuesas con el Chambord y el licor de mora. Llena el vaso con hielo en trocitos y añade entonces el tequila, el Cointreau y el zumo de limón. Remueve para mezclarlo bien, adorna con rodajas de limón y sírvelo con pajitas.

CRUCE FRONTERIZO

INGREDIENTES

1 ½ partes de tequila oro
1 parte de zumo de lima recién exprimido
1 parte de miel líquida
4 gotas de naranja amarga
Limón amargo hasta arriba
Rodajas de limón para adornar

Agita los primeros cuatro ingredientes con hielo y cuélalo a un vaso alto. Rellena hasta arriba con limón amargo, remueve y adorna con rodajas de limón. Sírvelo con pajitas.

SOUR APPLE

INGREDIENTES

1 ½ partes de tequila oro
2 chorritos de Cointreau
½ parte de schnapps de manzana
½ parte de zumo de lima recién exprimido
1 parte de zumo de manzana recién exprimido
1 rodaja fina de manzana para adornar

Agita todos los ingredientes con hielo y cuélalo a una copa de martini previamente enfriada. Adorna con una rodaja fina de manzana dejándola flotar en la superficie.

DESPERADO

INGREDIENTES

½ lima, cortada en segmentos
1 cucharadita de azúcar moreno
Cerveza negra hasta arriba
1 parte de tequila oro

Maja la lima y el azúcar en el fondo de un vaso largo. Pon hielo abundante y vierte lentamente la cerveza y el tequila por encima. Remueve y sirve.

OFF-SHORE (DE LA COSTA)

INGREDIENTES

1 parte de tequila oro
1 parte de ron blanco
6 hojas de menta
3 trozos de piña fresca
2 partes de zumo de piña
1 parte de nata ligera
1 ramita de menta para adornar

Bate todos los ingredientes junto con un poco de hielo y sírvelo en una copa huracán. Adorna con un ramito de menta y sírvelo con pajitas.

KALASHNIKOV

INGREDIENTES

1 rodaja de naranja
Azúcar refinado
Café molido
1 parte de tequila oro

Impregna la rodaja de naranja de azúcar refinado y después espolvorea por encima el café. Este cóctel se debe beber así: primero hay que chupar la rodaja de naranja, beber de un trago el tequila y comerte la naranja.

TEQUILA SLAMMER

INGREDIENTES

1 chorro de crema oscura de cacao
1 parte de champán
1 parte de tequila oro

Pon todos los ingredientes en un vaso bajo con base grande. Para beber este cóctel hay que tapar el vaso con una mano, dar un golpe seco en la barra con la base del vaso y beber todo de un trago.

CURIOSIDAD

Este tipo de bebidas emborrachan rápidamente porque el alcohol se disuelve en las burbujas que se crean al chocar el vaso en la superficie dura y al beberla, la sangre las absorbe mucho más deprisa. Este tequila se puede mezclar con bebidas gaseosas y así no tienes la necesidad de golpearlo.

EASY TIGER

INGREDIENTES

2 partes de tequila oro
1 parte de zumo de lima recién exprimido
2 cucharaditas de miel líquida
2 cucharaditas de ginger cordial
1 piel de naranja para adornar

Pon todos los ingredientes en un vaso mezclador y remueve hasta que la miel se haya disuelto. Añade hielo, agita y cuélalo a una copa aflautada de champán. Adorna con una piel de naranja.

CURIOSIDAD

El tequila se hace a partir del corazón del agave azul, de la familia de las azucenas. No es un cactus, como se cree habitualmente y se ha convertido en el tesoro nacional de México. Actualmente, se puede elegir entre 500 clases de tequila en el mercado. Es un error muy común pensar que el mejor tequila o mescal es el que tiene un gusano dentro; nada más lejos de la realidad ya que un buen tequila jamás llevaría nada añadido. Fue un truco que los americanos introdujeron en 1940 para vender más.

WHISKY

RUSTY NAIL

INGREDIENTES

2 partes de whisky escocés
1 parte de Drambuie
1 espiral larga de limón para adornar

Mezcla los ingredientes con hielo en un vaso mezclador y remueve. Cuélalo a un vaso bajo con hielo hasta arriba. Adorna con una espiral larga de limón.

WHISKY MAC

INGREDIENTES

2 partes de whisky escocés
1 ½ partes de vino de jengibre

Vierte ambos ingredientes sobre hielo en un vaso bajo y remueve para que se mezclen bien.

CURIOSIDAD

Existen muchos tipos de whisky: escocés, irlandés, de centeno, canadiense, japonés y bourbon. Es una bebida envejecida en barril y destilada que se produce a partir del grano o de la malta. El escocés sólo puede ser denominado así si está producido en Escocia. El Bourbon se llama así porque se produce en el condado de Bourbon, en Kentucky. La palabra "whiskey" viene del gaélico "uisge beatha" que significa "agua de vida".

FRISCO

INGREDIENTES

2 partes de whisky de centeno

1 parte de Benedictine

½ parte de zumo de limón recién exprimido

1 piel de limón en forma de tirabuzón para adornar

Agita los ingredientes con fuerza en una coctelera con hielo partido. Cuélalo a una copa de cóctel que esté ya fría y sírvelo. Adorna con una piel de limón.

MILLONARIO

INGREDIENTES

3 partes de Bourbon

1 parte de curaçao

1 clara de huevo

½ parte de granadina

1 rodaja de naranja para adornar

Remueve bien todos los ingredientes en un vaso mezclador con hielo partido. Cuélalo a una copa de cóctel ya enfriada y sírvelo. Adorna con una rodaja de naranja.

CHIN CHIN

INGREDIENTES

1 parte de whisky escocés
½ parte de miel líquida
½ parte zumo de manzana recién exprimido
Champán hasta arriba

Agita los tres primeros ingredientes con hielo y cuélalo a una copa aflautada ya fría. Rellena con champán y remueve antes de servir.

MANHATTAN

INGREDIENTES

2 partes de whisky de centeno
1 parte de vermú seco
1 parte de vermú dulce
1 chorro de angostura amarga
1 rodaja de limón para adornar

Remueve los ingredientes en un vaso mezclador con hielo partido. Cuélalo a una copa de cóctel y sírvelo. Adorna con una rodaja de limón.

OLD-FASHIONED

INGREDIENTES

½ cucharadita de azúcar
2 chorros de angostura amarga
1 cucharadita de agua
1 ½ partes de whisky de centeno
1 rodaja de naranja, una de piña
y una guinda, para adornar

Pon el azúcar en un vaso bajo. Añade el amargo y el agua. Maja bien para que se disuelva el azúcar. Añade el whisky de centeno con cubitos de hielo y remueve con una varilla de cristal. Adorna con una rodaja de naranja, una rodaja de piña y una guinda.

SILKY PIN (ALFILER DE SEDA)

INGREDIENTES

1 parte de whisky escocés
1 parte de crema de Drambuie

Vierte los ingredientes sobre hielo en un vaso bajo y sírvelo con un bastoncito para remover.

"Así que, prepárame otro old-fashioned, por favor. No le pongas guinda, ni naranja ni amargos. Simplemente whisky de centeno".
Cole Porter, Make it Another Old-Fashioned, please

CORONEL T

INGREDIENTES

2 partes de Bourbon

1 parte de aguardiente de albaricoque

4 partes de zumo de piña

1 hoja de piña para adornar

Agita todos los ingredientes con hielo y cuélalo a un vaso sling.

Adorna con una hoja de piña y sírvelo con pajitas.

RASPBERRY LYNCHBURG

INGREDIENTES

2 partes de Jack Daniels

½ parte de Chambord
(licor de frambuesas negras)

1 parte de zumo de lima recién exprimido

1 parte de puré de frambuesa

1 chorro de sirope de azúcar

Limonada hasta arriba

3 frambuesas para adornar

Agita los primeros cinco ingredientes juntos y cuélalo sobre hielo en un vaso alto. Completa con limonada y remueve. Adorna con frambuesas y sírvelo con pajitas.

SAZERAC

INGREDIENTES

1 parte de absenta
Agua fría
1 parte de Bourbon
1 parte de brandy
½ parte de sirope de azúcar
6 gotas de angostura amarga
6 gotas de Peychaud

Llena un vaso bajo de hielo y vierte encima la absenta. Rellena con agua hasta arriba y déjalo aparte. Agita el resto de los ingredientes en una coctelera con hielo triturado. Tira la absenta aguada y cuela la mezcla de bourbon a ese vaso que ya ha tomado el sabor.

GODFATHER SOUR (PADRINO)

INGREDIENTES

1 ½ partes de Bourbon
1 parte de amaretto
1 parte de zumo de limón recién exprimido
1 chorro de sirope de azúcar
1 clara de huevo
4 gotas de angostura amarga
Rodajas de limón para adornar

Agita todos los ingredientes con hielo y cuélalo a un vaso bajo lleno de hielo. Adorna con rodajas de limón y sírvelo con pajitas.

CURIOSIDAD

El "Sour" es el cóctel que primero se menciona en el libro de 1862 de Jerry Thomas Cómo mezclar las bebidas. *En ese libro también se incluye cócteles legendarios ya perdidos como el "Saratoga Brace Up" y el "Philadelphia Fish House Punch".*

RHETT BUTLER

INGREDIENTES

2 partes de Bourbon
4 partes de zumo de arándanos
2 rodajas de lima

Vierte los ingredientes sobre hielo en un vaso bajo. Exprime las limas y deja que goteen sobre la bebida. Sírvelo con un bastoncillo para remover.

SOLERA ECLIPSE

INGREDIENTES

2 partes de whisky solo de malta
(como el Reserva Solera Glenfiddich)
1 chorro de vermú dulce
1 chorro de vermú seco
4 gotas de angostura
2 guindas de cóctel y una aceituna verde
sin hueso para adornar

Agita los ingredientes con hielo y cuélalo a un vaso con hielo. Adorna con guindas y una aceituna.

WHISKEY SOUR

INGREDIENTES

2 partes de whisky de centeno
1 parte de zumo de limón recién exprimido
1 cucharadita de azúcar
1 espiral de limón para adornar

Agítalo con fuerza en una coctelera con hielo hasta que se haya hecho espuma. Viértelo a un vaso frío tipo bajo. Adorna con una piel de limón en forma de espiral.

"Soy perfectamente capaz de prepararme el desayuno. De hecho, tenía listos dos emparedados de mantequilla de cacahuete y dos whiskey sour". Tom Ewell en La tentación vive arriba.

LIMONADA LORETO

INGREDIENTES

1 ½ partes de Bourbon
½ parte de Midori (licor de melón)
½ parte de zumo de lima recién exprimido
1 parte de zumo de manzana
Ginger ale hasta arriba
1 corteza de lima y un ramito de menta para adornar

Agita los primeros cuatro ingredientes con hielo y cuélalos a un vaso alto con hielo hasta arriba. Completa con ginger ale, remueve y adorna con el ramito de menta y una corteza de lima. Sírvelo con pajitas.

FRONTERA

INGREDIENTES

2 partes de Bourbon
½ parte de Benedictine
2 cucharaditas de Vanilla Madagascar (licor de vainilla)
2 gotas de angostura amarga
1 piel de naranja en forma de tirabuzón para adornar

Al igual que en el cóctel Old-Fashioned (*véase* pág. 107) procura que los ingredientes se vayan diluyendo gradualmente al preparar y mezclar este cóctel. Adorna con una piel de naranja en forma de tirabuzón.

JULEPE DE MENTA

INGREDIENTES

1 cucharadita de azúcar
1 cucharadita de hojas de menta cortadas
1 cucharadita de agua
1 ½ partes de Bourbon
1 ramita de menta fresca

Pon el azúcar y la menta cortada en un mortero y machaca las hojas hasta que se haga una pasta. Añade agua y remueve. A continuación, llena un vaso bajo hasta la mitad de hielo. Añade el sirope de menta y el bourbon. Por último, llena el vaso con más hielo y mete el ramito de menta en el hielo con un par de pajitas cortas.

MORELLO BOURBON DAIQUIRI

INGREDIENTES

2 partes de Bourbon
1 parte de puré de guindas Morillo
1 parte de zumo de lima recién exprimido
½ parte de sirope de azúcar
Rodajas de lima para adornar

Agita los primeros cuatro ingredientes juntos con hielo. Este cóctel se puede servir tal cual en una copa martini o bien en un vaso bajo con cubitos de hielo. Adorna con la rodajita de lima.

FRISKY BUCK

INGREDIENTES

2 partes de Bourbon
½ parte de schnapps de caramelo
1 ½ partes de zumo de piña
Guinda para adornar

Agita todos los ingredientes líquidos con hielo y cuélalos a una copa martini ya fría. Adórnalo con la guinda o con un bastoncillo de cóctel.

CAFÉ IRLANDÉS CLÁSICO

INGREDIENTES

2 partes de whisky irlandés
1 cucharadita de azúcar
Café caliente filtrado hasta arriba
Nata batida
Granos de café para adornar

Vierte el café, el azúcar y el whisky en una copa grande de vino. Deja flotar la nata y adorna con granos de café.

BOLA DE FUEGO

INGREDIENTES

1 parte de Glayva
1 parte de Glenfiddich

Pon tres cuartas partes de hielo en una copa de las de tallo largo y vierte encima el Glayva y el Glenfiddich todo junto. Remueve lentamente.

BLUE BLAZER

INGREDIENTES
1 parte de whisky escocés
1 parte de agua hirviendo
1 cucharadita de azúcar

Mezcla el whisky y el agua en un peltre o en un vaso tipo toddy. Prende fuego al líquido y manteniendo la llama, ve pasando con mucho cuidado la bebida de un tazón a otro. Si lo haces correctamente, parecerá una corriente de fuego en continuo movimiento. Endulza con azúcar.

TÉ DE CREMA KENTUCKY

INGREDIENTES
2 partes de Bourbon
½ parte de crema oscura de cacao
1 chorrito de vodka Krupnik
(vodka con sabor a miel)
1 chorrito de Cointreau
1 ½ partes de crema espesa
2 guindas para adornar

Llena de hielo un vaso tipo sling y vierte los ingredientes en el orden arriba indicado. Deja flotar la crema arriba y adorna con guindas ensartadas en un bastoncillo de remover.

BRANDY

NICE PEAR

INGREDIENTES

1 ½ partes de brandy
1 parte de Poire William (licor de pera)
½ parte de vermú dulce
Rodajas de pera sin piel para adornar

Vierte todos los ingredientes líquidos en un vaso mezclador; añade hielo y remueve hasta que todo quede bien frío. Cuela la mezcla a una copa martini que hayas tenido previamente en el congelador y adorna con rodajas de pera pelada.

BLUE ANGEL (ÁNGEL AZUL)

INGREDIENTES

1 parte de Curaçao azul
1 parte de Parfait d'amour
1 parte de brandy
1 parte de zumo de limón recién exprimido
1 parte de nata ligera
1 rodaja de carambola para adornar

Agita todos los ingredientes en una coctelera con hielo. Cuélalo a una copa margarita o copa de cóctel. Adorna con una rodaja de carambola.

BETWEEN THE SHEETS

INGREDIENTES

1 parte ron claro
1 parte de brandy
1 parte de Cointreau o triple seco
1 parte de zumo de limón recién exprimido
½ parte de sirope de azúcar (opcional)

Mezcla todos los ingredientes en una coctelera con hielo. Agita bien.

Cuélalo a una copa de cóctel previamente enfriada. Sírvelo tal cual.

CURIOSIDAD

Fueron los mercaderes holandeses quienes, en el s. XVI, introdujeron el brandy en el norte de Europa. La palabra Brandy tiene su origen, de hecho, en el vocablo holandés "brandewijn" que significa "vino quemado". El brandy se produce a partir de la destilación de las uvas y en particular de las sustancias destiladas de varias frutas fermentadas. El fruto del brandy es normalmente claro e incoloro y debería servirse siempre frío. Recuerda que es posible obtener un buen brandy de un mal vino.

INCÓGNITO

INGREDIENTES

1 ½ partes de brandy
½ parte de vermú seco
½ parte de aguardiente de albaricoque
4 gotas de angostura
2 rodajas de albaricoque maduro para adornar

Agita todos los ingredientes y cuélalo a una copa de martini previamente enfriada. Adorna con dos rodajas de albaricoque maduro en el borde de la copa.

CÓCTEL CARIBEÑO DE CHAMPÁN

INGREDIENTES

¼ parte de ron claro
¼ parte de crema de plátano
1 chorro de angostura amargo
Champán frío hasta arriba
Rodajas de plátano, guinda y hoja de piña para adornar

Vierte el ron, el licor de plátano y la angostura en una copa de champán de las aflautadas. Rellena con champán hasta arriba y remueve lentamente con un bastoncillo de cristal. Decora la copa con rodajas de plátano, una guinda y una hoja de piña.

PISCO SOUR

INGREDIENTES

2 partes de pisco (brandy peruano)
1 ½ partes de zumo de lima recién exprimido
½ parte de sirope de azúcar
½ parte de clara de huevo
2 gotas de angostura amarga
2 guindas para adornar

Agita todos los ingredientes líquidos con hielo y cuélalo a un vaso bajo grande. Adorna con dos guindas ensartadas en un bastoncillo.

CÓCTEL CLÁSICO

INGREDIENTES

1 ½ partes de brandy
½ parte de curaçao
½ parte de marrasquino (licor de cereza amarga)
½ parte de zumo de lima recién exprimido
½ parte de sirope de azúcar
2 guindas para adornar

Agita los ingredientes en una coctelera con hielo. Cuélalo a una copa de cóctel. Sirve tal cual y adorna con guindas.

JAFFA

CURIOSIDAD

El Mandarine Napoleón es un licor de origen belga que se obtiene mezclando las pieles de mandarinas sicilianas con coñac y otros ingredientes vegetales secretos.

INGREDIENTES

1 parte de brandy
1 parte de crema oscura de cacao
½ parte de Mandarine Napoleón
3 gotas de naranja amarga
1 parte de nata ligera
Adorna con virutas de chocolate de naranja y espirales de piel de naranja.

Agita todos los ingredientes líquidos con hielo y cuélalo a una copa martini previamente enfriada. Adorna con virutas de chocolate de naranja y espirales de piel de naranja.

BRANDY FIX

INGREDIENTES

1 cucharada de azúcar confitado
1 cucharada de agua
½ parte de zumo de limón recién exprimido
½ parte de aguardiente de cerezas
1 parte de brandy
Rodajas de limón para adornar

En la base de un vaso alto, remueve el azúcar y el agua juntos hasta que se disuelva. Llena el vaso con hielo triturado y añade el aguardiente y el brandy. Adorna con rodajas de limón y sirve con pajitas.

PETITE MARTINI (PEQUEÑO MARTINI)

INGREDIENTES

2 partes de coñac VS
½ parte de Cointreau
1 chorro de sirope de azúcar
4 gotas de angostura
1 parte de zumo de piña
1 rodaja de piña caramelizada para adornar

Agita todos los ingredientes con hielo y cuélalo a una copa martini ya enfriada. Adorna con una rodaja de piña caramelizada.

SIDECAR

INGREDIENTES

3 partes de brandy
1 parte de Cointreau o triple seco
1 parte de zumo de limón recién exprimido
1 espiral de limón y una guinda para adornar

Agita con fuerza los ingredientes en una coctelera con hielo. Cuélalo a una copa de cóctel ya enfriada y sírvelo tal cual con una espiral de limón y una guinda para adornar.

STINGER

INGREDIENTES

2 partes de brandy
2 partes de crema blanca de menta
1 parte de zumo de lima recién exprimido
1 rodaja de lima para adornar

Agita los ingredientes con fuerza en una coctelera con hielo. Cuélalo a un vaso alto previamente enfriado y sírvelo tal cual con una rodaja de lima.

SANGRÍA TRADICIONAL

INGREDIENTES

1 parte de brandy español
4 partes de vino tinto
4 partes de limonada
1 parte de zumo de naranja recién exprimido
Rodajas de naranja
Rodajas de limón
Rodajas de manzana
1 barquillo

Vierte todos los ingredientes en vasos altos llenos de hielo y adornados con piezas de fruta. Sale mejor cuando se hace para mucha gente y sabe de maravilla si la tomas sentado en una preciosa playa al atardecer. Intenta hacerla dos horas antes de ir a tomarla para que los sabores se mezclen bien. Justo antes de servir, pon mucho hielo en la jarra.

FRENCH 90

INGREDIENTES

1 parte de coñac
½ parte de zumo de lima recién exprimido
1 chorro de sirope de azúcar
Champán hasta arriba
1 piel de lima en forma de tirabuzón para adornar

Agita el coñac, el zumo de lima y el sirope de azúcar con hielo y cuélalo a una copa tipo flauta previamente enfriada. Completa la mezcla con champán y adorna con una piel de lima en forma de tirabuzón.

ESTA NOCHE NO, JOSEPHINE

INGREDIENTES

3 partes de vino tinto
1 parte de brandy Napoleón
Chorro de Pernod
2 cebollitas para cóctel y una guinda, para adornar

Vierte el vino tinto en una copa de brandy con un par de cubitos de hielo. Añade el brandy y el Pernod. Remueve y adorna con cebollitas de cóctel y una guinda.

MOULIN ROUGE

INGREDIENTES

4 partes de zumo de piña
½ parte de brandy
Champán o vino espumoso hasta arriba

Agita el zumo de piña y el brandy con fuerza en una coctelera con hielo. Cuélalo a un vaso alto con hielo hasta la mitad. Completa hasta arriba con champán o vino espumoso y remueve.

CURIOSIDAD

El coñac es un brandy específico de la región de Cognac, al suroeste de Francia. Se inventó en el s. XVII y se elabora destilándolo dos veces en marmita para a continuación dejarlo envejecer en toneles de roble joven.

MINSTREL

INGREDIENTES

2 chorros de coñac

2 chorros de vodka frío

1 chorro de crema verde de menta

1 chorro de Kahlua

Agita muy brevemente todos los ingredientes con hielo y cuélalos a un vaso de chupito.

DAME SHAMER

INGREDIENTES

1 ½ partes de brandy

1 parte de aguardiente de cerezas

1 parte de Kahlua

1 parte de nata espesa

2 guindas para adornar

Agita todos los ingredientes con hielo y cuélalo después a un vaso alto lleno de hielo. Adorna con dos guindas ensartadas en un bastoncillo.

SOL Y SOMBRA

INGREDIENTES

1 parte de anís
1 parte de brandy

Vierte el anís en un vaso de chupito y añade con mucho cuidado el brandy, con una cucharilla, de tal forma que quede el brandy por encima del anís (*véase* pág. 15).

BRANDY CRUSTA

INGREDIENTES

Azúcar extrafino
2 partes de brandy
½ parte de curaçao de naranja
½ parte de licor de cerezas amargas
1 parte de zumo de limón recién exprimido
2 gotas de angostura
2 guindas para adornar

Pon azúcar en el borde de una copa martini previamente enfriada, agita todos los ingredientes juntos con hielo y cuélalo a esa copa. Adorna con guindas ensartadas en un bastoncillo.

TRUCO

Si vas a calentar una copa de balón en la que servir el brandy, acuérdate siempre de poner una cucharilla dentro antes de verter el agua hirviendo. Con ello, el calor se difunde mejor por toda la copa y evitas, además, que se rompa.

WHITE WINE COOLER

INGREDIENTES

4 partes de vino blanco seco
½ parte de zumo de limón recién exprimido
½ parte de zumo de naranja
½ parte de brandy (opcional)
Soda hasta arriba
2 rodajas finas de pepino para adornar

Vierte el vino, los zumos de fruta y el brandy (si hubiera) en un vaso alto lleno de hielo. Completa con soda y remueve lentamente con una varilla de cristal. Adorna con dos rodajas finas de pepino.

TRUCO

Esta es una bebida tradicional en el sur de Francia para esas noches calurosas y estrelladas de verano.

RENACIMIENTO

INGREDIENTES

2 partes de coñac
1 parte de vermú dulce
½ parte de limoncello
5 ó 6 gotas de peach bitter (macerado de vino y melocotón)
1 piel de limón en forma de tirabuzón para adornar

Agita todos los ingredientes con hielo y haz una doble colación a una copa de martini. Adorna con una piel de limón enroscada.

BIG CITY DOG

INGREDIENTES

1 parte de brandy
½ parte de Green Chartreuse
½ parte de aguardiente de cerezas
3 gotas de Peychaud
1 piel de naranja para adornar

Pon todos los amargos en una copa de balón y remueve haciendo remolinos hasta que recubras bien toda la parte interior. Vierte el resto de ingredientes en un vaso mezclador y remueve con hielo. Cuélalo a la copa balón y adorna con una piel de naranja enroscada.

CURIOSIDAD

Si quieres ver estrellas, saca la botella de Chartreuse de tu armario de bebidas. Este licor francés tiene la peculiaridad de que o se le adora o se aborrece. Tiene mucho sabor a hierbas y un alto contenido de alcohol (55 por ciento) aparte de su color verde chillón. Pero es el único licor de color verde completamente natural y sólo los que lo hacen saben qué combinación de plantas consigue ese tono.

PEACH BRANDY SMASH

INGREDIENTES
5 ó 6 hojas de menta
1 cucharadita de azúcar moreno
1 chorro de agua fría
2 partes de brandy
½ parte de schnapps de melocotón
1 rodaja de melocotón para adornar

Machaca la menta, el azúcar y el agua en la base de una coctelera. Añade el brandy y el schnapps y agítalos con hielo. Cuela la mezcla sobre hielo partido y adorna todo con una rodajita de melocotón.

B&B

INGREDIENTES
2 partes de Brandy
2 partes de Benedictine

Pon los dos ingredientes sobre hielo y remueve antes de servir. También se puede servir sin hielo en una copa de balón, a opción personal de cada uno.

PASIÓN

INGREDIENTES

½ parte de brandy de cereza
½ parte de bourbon
½ parte de Passoã (licor de fruta de la pasión)
1½ partes de zumo de arándanos
½ parte de crema de coco
2 cerezas de cóctel y copos
de coco para decorar

Agita todos los ingredientes con hielo y haz una doble colación a una copa martini previamente enfriada. Deja caer las cerezas en la base de la copa y que floten las virutas de coco en la superficie.

FOX HOUND

INGREDIENTES

2 partes de brandy
3 partes de zumo de arándanos
½ parte de Kummel (*véase* Curiosidad)
½ parte de zumo de lima recién exprimido

Agita todos los ingredientes con hielo y cuélalo a una copa grande llena de hielo.

CURIOSIDAD

Puede que nunca hayas oído hablar de la Alcaravea o Kummel, pero es una especia que se usa habitualmente para darle mayor efecto al brandy y al bourbon. Es un líquido claro destilado a partir del grano y condimentado con semillas de anís y comino persa.

VINE (VID)

INGREDIENTES

2 partes de coñac
1 parte de zumo de manzana recién exprimido
½ parte de zumo de pomelo recién exprimido
1 chorro de zumo de limón recién exprimido
1 chorro de sirope de azúcar
4 rodajas de pomelo para adornar

Maja las uvas y el sirope de azúcar en la base de una coctelera. Añade el resto de los ingredientes y agítalos con hielo. Cuela la mezcla a un vaso alto con hielo, adorna con rodajas de pomelo y sírvelo con pajitas.

PLAYMATE (COMPAÑERO DE JUEGO)

INGREDIENTES

1 parte de brandy
1 parte de Grand Marnier
1 parte de aguardiente de albaricoque
1 parte de zumo de naranja recién exprimido
½ clara de huevo
4 gotas de Angostura amarga
1 espiral de naranja flameada

Agita los ingredientes líquidos con hielo y cuélalos a una copa de martini previamente enfriada. Flambea una espiral de naranja sobre la bebida y luego déjala caer dentro.

RED MARAUDER (MERODEADOR ROJO)

INGREDIENTES

2 partes de brandy
2 partes de zumo de arándanos
½ parte de Chambord (licor de frambuesas negras)
1 chorro de zumo de lima recién exprimido
2 frambuesas para adornar

Agita todos los ingredientes con hielo y cuélalos a una copa de martini previamente enfriada. Adorna con dos frambuesas en un bastoncillo.

APPLE CART MARTINI

INGREDIENTES

1 ½ partes de aguardiente de manzana
1 ½ partes de Cointreau
1 parte de zumo de limón recién exprimido
1 chorro de sirope de azúcar
1 rodaja de manzana para adornar

Agita todos los ingredientes con hielo y haz una doble colación a una copa de martini previamente enfriada. Adorna con una rodaja de manzana en el borde de la copa.

CURIOSIDAD

El aguardiente de manzana toma distintos nombres dependiendo del sitio de donde procede. Los franceses lo denominan "Calvados" y normalmente se produce en Normandía. En Estados Unidos se conoce como "Applejack".

OTROS LICORES

TOBLERONE

INGREDIENTES

1 parte de Bailey's
1 parte de Frangelico
½ parte de crema oscura de cacao
½ parte de miel líquida clara
1 parte de nata espesa
1 cucharadita de salsa de chocolate

Bate el Bailey's, el Frangelico, la crema de cacao, la miel y la nata con media cucharada de hielo. Elige una copa tipo huracán y da vueltas al chocolate. Por último, vierte todo el líquido cremoso y sirve con pajitas.

CAFÉ TIJUANA

INGREDIENTES

160 ml de café solo caliente
1 parte de Kahlua o de licor de café
1 cucharadita de azúcar
3 partes de nata espesa un poco batida
1 ramita de canela

Vierte el café caliente en una copa que soporte el calor. Remueve el licor y el azúcar, y lentamente ve poniendo la nata batida con una cuchara para que quede por encima. Remueve lentamente con una ramita de canela y espolvorea un poco de canela.

SHERRY FLIP

INGREDIENTES

1 huevo mediano
4 partes de crema de sherry

Agita o mezcla el huevo y el sherry con 6 cubitos de hielo hasta que se quede sin grumos. Viértelo a una copa goblet. Decora la superficie con polvitos de nuez moscada.

RAMBLER

INGREDIENTES

1 rodaja de lima
1 parte de ron oro
1 chorro de Frangelico
1 chorro de sirope de fresas
1 fresa para adornar

Exprime la rodaja de lima en una coctelera y luego añádele los tres ingredientes líquidos. Agita brevemente con hielo y haz una doble colación a un vaso de chupito que hayas enfriado previamente. Pon la fresa dentro del vaso.

CÓCTEL PIMM'S

INGREDIENTES

1 parte de Pimm's n.º 1
3 partes de limonada
Rodajas de pepino
1 fresa
Rodajas de manzana
Rodajas de limón
Rodajas de naranja
1 ramito de menta para adornar

Llena un vaso alto con hielo y vierte el Pimm's. Pon todos los adornos en el vaso y completa con limonada. Termina colocando el ramito de menta.

TRUCO

Sientes que el verano ha llegado cuando empiezas a soñar con un refrescante Pimm's. Prepara una gran jarra con hielo y dependiendo de los que seáis, ve poniendo los ingredientes en la misma proporción de arriba. Los sabores de los adornos, sobre todo del pepino y de la menta, se notan más así, pues en la jarra les da tiempo a maridarse.

CURIOSIDAD

El primer Pimm's que se bebió fue en 1840 y todavía se considera una de las bebidas favoritas en el mundo. El clásico Pimm's n.º 1 es, básicamente, ginebra, pero últimamente se han creado variantes con whisky, brandy, bourbon y vodka. Dale un toque extra a tu cóctel Pimm's sustituyendo la limonada por champán.

BAZOOKA JOE SHOOTER

INGREDIENTES

½ parte de curaçao azul
½ parte de crema de plátano
(licor de plátano)
½ parte de licor de crema irlandesa

Vierte el curaçao en un vaso de chupito y a continuación la crema de plátano. Deja flotar el licor de crema irlandesa por encima. La crema amarilla de plátano se irá para abajo y se mezclará con el curaçao formando una raya verde justo por debajo de la crema irlandesa.

CURIOSIDAD

Los licores de Curaçao se elaboran, tradicionalmente, a partir de la piel seca de las pequeñas naranjas amargas de Curaçao, llamadas así por la isla de Curaçao, en el Caribe. Los licores de Curaçao pueden ser claros, rojos, verdes, azules y amarillos. Los colores son puramente decorativos. Sin embargo, los sabores de las distintas clases de naranjas son muy similares.

CIELO ROJO POR LA NOCHE

INGREDIENTES
1 chorro de zumo de limón recién exprimido
Seven Up hasta arriba
½ parte de crema de cassis
(licor de grosella negra)

Llena un vaso alto con hielo y vierte encima un buen chorro de zumo de limón. Pon Seven-Up hasta casi llenar el vaso y remueve después con la crema de cassis.

LA ROSA INGLESA

INGREDIENTES
3 partes de vermú extra seco
1 ½ partes de kirsch
1 parte de Parfait d'amour
1 ó 2 pétalos de rosa para adornar

Mezcla los ingredientes en un vaso mezclador con hielo triturado. Remueve bien. Cuélalo todo a una copa de cóctel. Decóralo poniendo 1 ó 2 pétalos de rosa por encima.

RUBIO NATURAL

INGREDIENTES

1 parte de Bailey's
1 parte de Grand Marnier
½ mango fresco o 1 parte de crema de mango
1 rodaja de mango y 1 mora para adornar

Bate el Bailey's, el Grand Marnier y el mango con una pequeña cucharada de hielo. Sirve en una copa de balón de brandy adornada con una mora y una rodaja de mango fresco.

BATIDA GOIABA

INGREDIENTES

2 partes de cachaça (licor brasileño)
3 partes de zumo de guayabo recién exprimido (si fuera posible)
1 chorro de sirope de azúcar
1 chorro de zumo de limón recién exprimido
Rodajas de limón para adornar

Agita todos los ingredientes líquidos con hielo y cuélalo a un vaso alto lleno de hielo. Adorna con rodajas de limón y sírvelo con pajitas.

TRIBBBLE

INGREDIENTES

½ parte de schnapps de caramelo
½ parte de crema de plátano (licor de plátano)
½ parte de Bailey's

Pon los ingredientes siguiendo el orden de arriba y termina con Bailey's.

BELLINI

INGREDIENTES

3 partes de champán seco frío
1 parte de zumo de melocotón también frío
1 rodaja de melocotón para adornar

Vierte el champán y el zumo de melocotón en una copa de champán ya fría. Remueve lentamente con un bastoncillo. Adorna con una rodaja fina de melocotón.

CURIOSIDAD

El famoso Bellini, inventado en 1940 en el Harry's Bar de Venecia, no caló en los americanos hasta 1950. Tradicionalmente, el Bellini se hace con puré de melocotón blanco. Recuerda que si quieres probar uno de los mejores Bellini del mundo, debes ir al bar del hotel Savoy de Londres.

APPLEJACK

INGREDIENTES

1 parte de applejack
1 parte de zumo de pomelo
1 chorro de granadina
1 espiral de limón para adornar

Remueve o agita los ingredientes con hielo partido. Cuélalo a una copa de cóctel llena de hielo y sírvelo con una espiral de limón.

CURIOSIDAD

Los primeros colonos americanos destilaban sidra para hacer applejack y la bebían a pelo. A partir de 1950, se empezó a refinar un poco con otros sabores.

ZESTY

INGREDIENTES
2 partes de Frangelico
2 rodajas de lima

Llena una copa de balón de brandy con hielo en trocitos y añádele el Frangelico. Luego, exprime las dos rodajas de lima en la bebida y déjalas caer como adorno. Sírvelo con pajitas pequeñas.

SPARKLING BOUQUET

INGREDIENTES
1 parte de licor de melón
Vino espumoso hasta arriba
Pétalos de flores para adornar

Vierte el licor de melón en una copa de cóctel o de champán. Rellena hasta arriba con vino frío espumoso y decora con pétalos olorosos de flores.

BUCK'S FIZZ

INGREDIENTES

2 partes de zumo de naranja
Champán hasta arriba

TRUCO

Añade un chorro de Grand Marnier si quieres hacer una versión popular de este cóctel.

Vierte el zumo de naranja en una copa de champán tipo aflautada y rellena con champán hasta arriba.

CURIOSIDAD

También conocido como Mimosa por el color que esta planta tiene cuando florece, este cóctel se bebe desde 1920. Algunos dicen que se inventó en el Buck's Club de Londres y por eso recibió ese nombre. Otros argumentan que se inventó en el bar del Hotel Ritz de París y se le dio el nombre de Mimosa.

LA TORTUGA MORADA

INGREDIENTES

$\frac{1}{2}$ parte de tequila

$\frac{1}{2}$ parte de curaçao azul

$\frac{1}{2}$ parte de ginebra de endrinas

Agita despacio y con hielo todos los ingredientes y cuélalo a un vaso de chupito que hayas enfriado previamente.

FERIA VERDE

INGREDIENTES

1 parte de absenta

1 parte de zumo de limón recién exprimido

2 gotas de angostura

$\frac{1}{2}$ clara de huevo

$\frac{1}{2}$ parte de sirope de azúcar

1 parte de agua fría

Agita todos los ingredientes con hielo y cuélalo a una copa de martini que hayas enfriado antes.

KIR

INGREDIENTES

½ parte de crema de cassis (licor de moras)

Vino blanco frío hasta arriba

Vierte el licor de moras en una copa de vino ya enfriada o en una goblet, a tu elección, y completa con vino blanco hasta arriba. Sírvelo tal cual.

TRUCO

El Kir lo crearon los trabajadores de una granja de la Borgoña francesa cuando se les ocurrió añadir crema de cassis a su vino Borgoña Aligote para hacerlo más sabroso. El nombre proviene del héroe de guerra y alcalde de Dijon, Canon Félix Kir. Es una bebida muy rápida de preparar e ideal para los días de verano. La proporción normal es 7 partes de vino blanco por 1 de crema de cassis. Si lo preparas para una fiesta, sustituye el vino blanco por champán y ya tienes un Kir Royal.

BANDERA ELÉCTRICA

INGREDIENTES

½ parte de sirope de granadina
½ parte de Parfait d'amour
½ parte de kirsch o grappa

Vierte el sirope de granadina en un vaso de chupito. Con mucho cuidado, añade el Parfait d'amour y a continuación el kirsch o la grappa valiéndote de una cuchara, si fuera necesario.

MIDNIGHT RAMBLER (PASEANTE NOCTURNO)

INGREDIENTES

2 partes de Frangelico
2 partes de Bailey's

Vierte los dos ingredientes sobre hielo partido en un vaso bajo y sírvelo con pajitas cortas. Es una copa ideal para antes de ir a dormir.

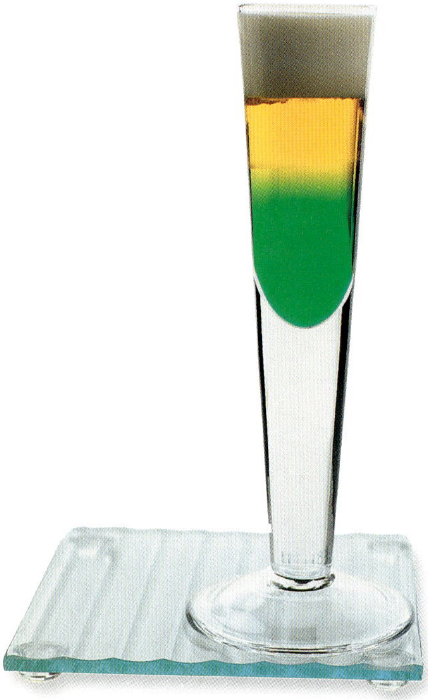

TRÍO TENTADOR

INGREDIENTES

½ parte de crema verde de menta (licor de menta)
½ parte de crema de plátano (licor de plátano)
½ parte de licor de crema irlandesa

Con mucho cuidado, vierte de uno en uno la crema de menta, el licor de plátano y el licor de crema irlandesa en un vaso de chupito. Para hacerlo bien, usa el reverso de una cuchara sopera.

CAIPIRINHA

INGREDIENTES

1 lima en trozos
1 cucharadita de azúcar moreno
1 chorro de sirope de azúcar
2 partes de cachaça (ron brasileño)

Maja la lima, el azúcar moreno y el sirope de azúcar en un vaso bajo con mucha base. Llena el vaso con hielo partido, añade la cachaça, remueve y sirve con unas pajitas y el bastoncillo de remover.

CURIOSIDAD

Caipirinha significa "bebida agradable" en Brasil, donde se sirve a lo largo y ancho del país. La cachaça es el ron brasileño que se hace a partir de la caña de azúcar. Este ron no es tan puro como los demás, aunque retiene el sabor del ingrediente original.

RED HEAT

INGREDIENTES
½ parte de vodka
½ parte de schnapps de melocotón
½ parte de Jägermeister
1 chorro de zumo de arándanos

Agita brevemente todos los ingredientes con hielo y cuélalos a un vaso de chupito.

LOCH ALMOND

INGREDIENTES
1 ½ partes de amaretto
1 ½ partes de whisky escocés
Ginger ale hasta arriba
1 galleta tipo amaretti para adornar

Pon todos los ingredientes sobre hielo en un vaso alto. Remueve y deja flotar la galleta como adorno.

MARSHMALLOW MOCHA MEXICANO

INGREDIENTES

2 cucharaditas de polvo de cacao
y un poco más para adornar
1 parte de Kahlua
Café caliente hasta arriba
2 nubes de azúcar y nata batida para adornar

Pon el polvo de cacao en la base de un vaso toddy; añade el Kahlua y el café, y revuelve hasta que todo quede disuelto. Deja caer dos nubes dentro y pon la nata encima de todo. Espolvorea la superficie con cacao.

GREEK LIGHTNING

INGREDIENTES

½ parte de ouzo
(licor griego de anís)
½ parte de vodka
½ parte Chambord
(licor de moras)

Agita todos los ingredientes juntos y cuélalo a un vaso de chupito. Esta cantidad sirve para más de una persona.

FLATLINER

INGREDIENTES

½ parte de sambuca
(licor italiano de anís)
4 gotas de tabasco
½ parte de tequila oro

Siguiendo el orden de arriba, vierte los ingredientes en un vaso de chupito. Hay que beberlo de un trago.

PASSIONATE PEACH FIZZ

INGREDIENTES

2 partes de zumo de naranja
2 partes de zumo de fruta de la pasión
½ parte de schnapps de melocotón
Champán o vino espumoso hasta arriba
Una rodaja de melocotón para adornar

Agita los zumos de fruta y el schnapps de melocotón con fuerza en una coctelera con hielo partido. Cuélalo a una copa aflautada de champán y completa con champán o vino espumoso. Sírvelo tal cual con una rodaja fina de melocotón como adorno.

GREEN HORNET (AVISPÓN VERDE)

INGREDIENTES

½ parte de Pisang Ambon (licor con base de plátano)
½ parte de vodka
1 chorrito de absenta
1 chorrito de lima

Agita todos los ingredientes con hielo muy brevemente y haz una doble colación a un vaso tipo chupito, previamente enfriado.

INDULGENCIA

INGREDIENTES

½ parte de amaretto
½ parte de crema oscura de cacao
½ parte de licor de crema Amarula

Pon los ingredientes en un vaso de chupito siguiendo el orden que te indicamos arriba.

CURIOSIDAD

El amaretto es un licor de almendras que se remonta al s. XVI en Italia y del que se dice que lo inventó un discípulo de Leonardo da Vinci. La variante más popular, el Disaronno, tiene el sabor dulce de la vainilla y el mazapán.

SIN ALCOHOL

COOL DUDE

INGREDIENTES

1 parte de zumo de lima recién exprimido
Seven Up hasta arriba
Rodajas de lima y limón congelados
en cubitos de hielo

Vierte el zumo de lima en un vaso bajo lleno hasta la mitad con los cubitos de hielo decorados. Completa con Seven Up y remueve bien.

NUTTY PLUM SMOOTHIE

INGREDIENTES

2 ciruelas
35 gr de frambuesas
1 cucharada sopera de almendra picada
1 cuchara sopera de semillas de sésamo
60 ml de agua
Frambuesas para adornar

Corta las ciruelas, sácales el hueso y pica la pulpa. Ponlas en una batidora con las frambuesas, la almendra, las semillas de sésamo y un poco de agua, y bátelo todo durante un minuto aproximadamente hasta que se quede cremoso. Vierte todo en un vaso y sírvelo.

BOSQUE DE ARÁNDANOS

INGREDIENTES

2 partes de zumo de arándanos
Un chorro de zumo de limón recién exprimido
Soda de naranja o ginger ale hasta arriba
Rodajas de naranja y de limón para adornar

Vierte el zumo en un vaso alto, lleno de hielo hasta la mitad, y completa con soda de naranja o ginger ale. Adorna con rodajas de naranja y de limón.

BLACKBERRY SPICE

INGREDIENTES

1 ramita de canela
120 ml de agua hirviendo
1 ½ manzanas de postre de mucho sabor
75 gr de moras

Pon la canela y el agua hirviendo en un cazo pequeño, llévalo a ebullición y déjalo a fuego lento 5 minutos. A continuación, déjalo enfriar durante 10 minutos. Remueve un poco y deja aparte la ramita de canela. Corta las manzanas, licúa primero las moras y después las manzanas. Es el momento de añadir el agua de canela al zumo. Viértelo todo a un vaso y sírvelo con la ramita de adorno.

BRILLO TROPICAL

INGREDIENTES
½ papaya grande
¼ de piña grande (unos 250 gr)
y un poco más para adornar
Una zanahoria grande

Saca las pepitas de la papaya, córtala en rodajas y quita la piel. Quita también la piel de la piña y córtala en trozos dejando fuera el corazón. Corta la zanahoria en trozos grandes. Licúa la papaya, la piña y la zanahoria. Revuelve bien todo, viértelo a un vaso alto, añade una rodaja de piña y sírvelo.

BERRY BRIGHT EYES

INGREDIENTES
3 fresas
1 pera
¼ taza/35 gr de frambuesas
¼ taza/40 gr de arándanos
Se sirve con mucho hielo
Bayas para adornar

Parte en dos mitades las fresas y corta la pera en trozos grandes. Licúa las bayas, luego la pera y viértelo todo a una copa llena de hielo. Adorna con moras y sírvelo.

PEACH & CHERRY PLEASURE (PLACER DE MELOCOTÓN Y CEREZAS)

INGREDIENTES
2 melocotones
⅓ taza/60 gr de cerezas
½ taza/90 gr de uvas rojas

Pon los melocotones en un cuenco y vierte sobre ellos agua hirviendo que los cubra y déjalos así 30 segundos. Quítales el agua y pélalos. Corta cada uno de los dos melocotones y sácales el hueso. Quita el hueso de las cerezas usando un deshuesador y pon los melocotones y las cerezas en una batidora. Tritura las uvas y pon el zumo de uva junto a los ingredientes que están en la batidora. Bate todo durante 30 segundos. Viértelo a una copa y sírvelo.

KIWI & BANANA SMOOTHIE

INGREDIENTES
1 kiwi
½ plátano
½ parte de sirope de vainilla
4 partes de leche
Rodajas de kiwi para adornar

Bate todos los ingredientes líquidos junto con una pequeña cucharada de hielo triturado y ponlo todo en un vaso alto. Adorna con rodajas de kiwi y sírvelo con pajitas.

CHOCOLATE-GINGER SWIRL (TORBELLINO DE CHOCOLATE)

INGREDIENTES

6 dátiles cortados
½ taza/120 ml de agua hirviendo
1 pieza de raíz de jengibre en sirope, cortada
25 gr de chocolate amargo
200 gr de tofu de seda
1 cucharada sopera de leche de soja
Virutas de chocolate para adornar

Pon los dátiles en un cuenco, vierte sobre ellos agua hirviendo y déjalos en remojo 30 minutos. Ponlo a continuación en una batidora añadiendo el jengibre y bate más o menos 1 minuto, hasta que quede una masa suave. Pon el chocolate en una superficie sobre un cazo de agua hirviendo y caliéntalo hasta que se derrita. Quita el chocolate del calor y viértelo con mucho cuidado en la masa de dátil removiendo continuamente para que se mezclen bien. Enfríalo durante 10 minutos. Mientras tanto, enjuaga la batidora y añade la mitad del tofu y de la leche de soja. Bátelo durante 1 minuto o hasta que quede suave y espumoso. Vuelca la mezcla en una jarra y enjuaga la batidora de nuevo. Pon la mezcla de chocolate en la batidora, añade lo que queda de tofu y bátelo hasta que se mezcle bien. Con una cuchara, ve poniendo franjas de mezcla de chocolate y de soja alternativamente en un vaso bajo y decóralo con virutas de chocolate.

RED-HOT STRAWBERRY JUICE

INGREDIENTES

2 naranjas sanguinas
1 chile rojo ojo de pájaro sin semilla y cortado muy fino y una guindilla para adornar
60 gr de fresas

Exprime el zumo de las naranjas y ponlo en una batidora. Añade el chile cortado y las fresas y bátelo todo durante 45 segundos. Viértelo a un vaso pequeño, adorna con una guindilla y bébelo lentamente.

APPLE WISE (LA MANZANA SABIA)

INGREDIENTES

125 ml de zumo de manzana espumoso
Ginger ale hasta arriba
1 rodaja de manzana para adornar

Pon cubitos de hielo hasta la mitad en un vaso alto. Rellena hasta 3/4 partes del vaso con el zumo de manzana y completa con ginger ale. Adorna con una rodaja de manzana.

AMBER FIZZ

INGREDIENTES
125 ml de zumo de naranja
Ginger ale hasta arriba
Piel de naranja para adornar

Llena un vaso bajo de hielo y pon zumo de naranja hasta la mitad. Completa con ginger ale. Deja flotar una piel de naranja para adornar.

TROPICAL TEASER

INGREDIENTES
1 tallo de hierba de limón
60 ml de agua
50 gr de litchis
½ mango
½ papaya
90 gr de uvas verdes

Machaca con cuidado el tallo de hierba de limón y ponlo en un cazo con el agua. Llévalo a ebullición y déjalo así 2 minutos. Después, que se enfríe. Mientras tanto, pela los litchis y quítales las pepitas negras. Pela el mango y la papaya, córtalos en trozos y sácales las pepitas. Tritura la fruta, cuela el agua de hierba de limón encima y remueve todo bien.

MELON MIRAGE (ESPEJISMO DE MELÓN)

INGREDIENTES

Una rodaja de sandía (1/8 de melón)
1 rodaja de piña
1 parte de sirope de azúcar
Un chorro de zumo de lima recién exprimido

Corta dos triángulos de sandía del trozo original y una rodaja de piña y déjalas aparte para decorar al final. Pela la sandía, quita las pepitas y haz lo mismo con la piña quitándole el corazón. Pon la fruta en una batidora con hielo triturado. Bátelo hasta que quede suave añadiendo sirope de azúcar y un chorro de zumo de lima para que quede una mezcla rosa y espumosa. Viértelo a un vaso alto previamente enfriado. Adorna con las rodajas de sandía y de piña y una hoja de piña.

ICY INDULGENCE (INDULGENCIA GLACIAL)

INGREDIENTES

150 gr de frutas suaves congeladas del tipo moras, frambuesas y grosellas y un poco más para adornar
1 taza de leche de almendras

Deja las frutas congeladas a temperatura ambiente durante 5 minutos para que se descongelen despacio. Después, vuélcalo a una batidora con leche de almendras. Bate hasta que queden suaves y medio derretidas y pásalo a un vaso. Adorna con una cuchara de frutos congelados y sírvelo tal cual.

DULCE DE ALBARICOQUE

INGREDIENTES

50 gr de orejones
1 cucharada sopera de semillas de girasol
160 ml de yogur natural
80 ml de leche
1 cucharadita de miel
2 cucharaditas de zumo de limón
Rodaja de naranja para adornar

Corta los orejones y ponlos en una batidora con las semillas de girasol, el yogur, la leche, la miel y el zumo de limón. Bate todos los ingredientes juntos durante 1 ó 2 minutos hasta que haya quedado una crema suave. Viértelo a un vaso, recuéstate un poco y disfruta. Adorna con una rodajita de naranja en el borde del vaso.

VIRGINIDAD

INGREDIENTES

4 partes de zumo de arándanos
1 chorro de grosella negra
½ parte de zumo de limón recién exprimido
3 partes de zumo de manzana
Rodajas de sandía para adornar

Bate todos los ingredientes junto con una cucharada de hielo y sírvelo en un vaso alto con pajitas.

Adorna con rodajitas de sandía.

DREAMY BLUEBERRY RIPPLE

INGREDIENTES

160 ml de yogur natural
3 cucharadas soperas de leche
1 cucharada sopera de miel clara
y un poco más para después
90 gr de uvas rojas
80 gr de arándanos
1 ½ cucharadas soperas de zumo de lima

Bate el yogur, la leche y la miel y déjalos aparte. Pasa las uvas por una licuadora y el zumo que saques pásalo a la batidora. Reserva dos o tres arándanos y el resto también lo metes en la batidora. Bate hasta que se haga un puré suave. Añade zumo de lima para que le dé sabor y ayudándote de una cuchara, ve introduciendo, poco a poco, parte de la mezcla del yogurt y del arándano en un vaso alto de tal manera que se dé un efecto onda. La última cucharada debe ser de mezcla de yogurt. Pon un poco más de miel por encima y adorna con los arándanos que reservaste.

CHINESE CHEER

INGREDIENTES

1 parte de zumo de lima recién exprimido
1 parte de zumo de limón recién exprimido
1 cucharadita de raíz de jengibre, rayada
1 ½ partes de sirope de azúcar
1 estrella de anís en un cubito de hielo
Agua con gas hasta arriba

Mezcla el zumo de lima y de limón con el jengibre y el sirope de azúcar en una coctelera. Agítalo con fuerza con hielo partido. Cuélalo a un vaso bajo enfriado. Añade el cubito de hielo decorado y completa con agua con gas.

ICED TEA DANCE

INGREDIENTES

100 ml de té de frutas helado
(hecho con una bolsita de té)
Sprite o Seven Up hasta arriba
Gajos de mandarina congelados
en cubitos de hielo

Vierte el "té" frío en una copa toddy previamente enfriada y añade 4 cubitos de hielo decorados. Completa con refresco Sprite o Seven Up.

PROTECTOR APASIONADO

INGREDIENTES
2 frutas de la pasión y alguna más para adornar
2 zanahorias
1 naranja

Parte en dos las frutas de la pasión y coloca la pulpa en un colador puesto encima de una jarra. Con la parte trasera de una cuchara, aprieta la pulpa. Corta la zanahoria en trozos grandes; pela la naranja y divídela en 4 trozos; después tritura la naranja y las zanahorias. Pon el zumo en la pulpa de la fruta de la pasión. Viértelo a un vaso alto y bébelo tal cual.

ENERGÍA DE TOMATE

INGREDIENTES
½ manzana
1 ramito de tomillo y un poco más para adornar
1 ½ cucharaditas de albahaca en trocitos
1 cucharadita de menta en trocitos
250 gr de tomates cherry

Corta la manzana y quita las hojas del ramito de tomillo. Licúa primero las hierbas, a continuación licúa la manzana y por último los tomates. (Ten cuidado con los tomates pequeños que tienden a salir disparados de la licuadora). Saca el zumo, pásalo a un vaso, adorna con hojas de albahaca y sirve inmediatamente.

GRAPEVINE (LA VID)

INGREDIENTES

Un pequeño racimo de uvas congeladas
3 partes de zumo de uvas
Soda de limón amargo hasta arriba

Pon las uvas heladas en una copa goblet previamente enfriada. Vierte el zumo de uvas, completa con soda de limón amargo y sírvelo tal cual.

BALSÁMICO DE FRESAS

INGREDIENTES

5 fresas maduras
½ parte de sirope de azúcar
Un chorro de vinagre balsámico
Granos de pimienta negra

Mezcla las fresas con el sirope de azúcar y cuatro cubitos de hielo en una batidora. Bate hasta que se haya hecho puré. Ponlo en un vaso alto lleno de cubitos de hielo. Añade un chorro de vinagre balsámico y unos granos de pimienta negra. Adorna con una hoja de albahaca y una fresa. Mete hojas de albahaca en los cubitos de hielo para que le den más sabor y efecto.

FIGGY PLUM SMOOTHIE

INGREDIENTES

1 ramito de romero
120 ml de agua
3 higos
2 ciruelas
1 cucharadita de zumo de limón
180 ml de yogur natural
Miel para poner por encima

Quita las hojas del romero y ponlas en un mortero. Con cuidado, májalas y ponlas en un cazo pequeño. Añade el agua, llévalo a ebullición y déjalo así durante 3 minutos. Quita el cazo del calor y déjalo todo en remojo 5 minutos. Cuela el líquido a un cuenco y déjalo enfriar. Mientras tanto, parte en dos los higos y pon la pulpa en una batidora. Corta las ciruelas, quita el hueso con la punta del cuchillo, corta la pulpa y échala también a la batidora. Añade el agua de romero ya fría y bate hasta que quede suave. Pon también el zumo de limón para darle sabor. Pon una cucharada de yogur en un vaso alto; a continuación, pon una cucharada de la mezcla de la batidora y luego otra de yogurt, alternando, de tal manera que le dé un efecto como de mármol. Termina con una cucharada de yogur y un poquito de miel por encima y sírvelo.

LA ARAÑA VERDE

INGREDIENTES

300 ml de limonada
Helado de pistacho
Un chorro de menta

Llena un vaso alto con hielo partido y añade limonada. Deja flotar una cucharada de helado arriba del todo y pon un poco de menta por encima. Sirve con una pajita.

MELÓN MÁGICO

INGREDIENTES

$\frac{1}{3}$ de melón de Ogen
3 albaricoques
1 cucharada sopera de pepitas de calabaza
$\frac{1}{4}$ de cucharadita de extracto del ginkgo biloba
2 ó 3 cucharadas de agua

Quita las pipas del melón y pon la carne en la batidora. Corta los albaricoques en dos y quita los huesos. Córtalos y ponlos también en la batidora. Es el momento de añadir las pepitas de calabaza y el extracto de ginkgo biloba y batirlo todo 1 minuto para hacer un puré suave. Echa agua y sírvelo en un vaso alto.

HELADO DE COCO

INGREDIENTES

1 raíz de jengibre y dos cucharaditas de sirope de jengibre
180 ml de leche de coco
½ lima
Una rodaja de lima para adornar
Hielo partido para servir

Corta muy pequeñita la raíz de jengibre y ponla en una batidora con la leche de coco y el sirope de jengibre. Exprime el zumo de la lima y mézclalo con el resto con cuidado. (Dale simplemente una vuelta, pues si se bate demasiado, la mezcla se separará). Llena de hielo un vaso alto y vierte ahí todo. Adorna con la rodaja de lima y sírvelo.

ZUMO DEL VAMPIRO

INGREDIENTES

½ naranja
1 tomate
1 remolacha grande
1 diente de ajo (pelado)
1 tallo de apio

Pela la naranja y corta el tomate y la remolacha en grandes trozos. Licúa primero el ajo y después la naranja, la remolacha, el tomate y el apio. Cuando tengas el zumo, viértelo en un vaso pequeño y bébelo a pequeños sorbos.

PASIÓN ROSA

INGREDIENTES

3 naranjas
80 gr de frambuesas
1 fruta de la pasión
Hielo en trozos para servir

Pela las naranjas y córtalas en grandes trozos. Licúa primero las frambuesas y luego las naranjas. Corta la fruta de la pasión por la mitad e introduce la pulpa en el zumo. Remueve para que se mezcle bien y por último, vierte el zumo a un vaso alto que tengas lleno de hielo.

LAVENDER & WATERMELON WIND-DOWN

INGREDIENTES

½ cucharadita de flores de lavanda
60 ml de agua hirviendo
350 gr de sandía
90 gr de uvas rojas
Ramitas de lavanda para adornar

Pon la lavanda en un cuenco pequeño y vierte sobre ella agua hirviendo. Déjalo así durante 10 minutos; cuela el agua, ya con sabor, a una jarra y olvídate de las flores. Corta la sandía en trozos grandes sin piel y pásala por la licuadora; luego licúa las uvas y por último pon encima el agua de lavanda. Pon el zumo en una copa, adorna con una ramita de lavanda y sirve inmediatamente.

MINT HAZE

INGREDIENTES

2 cucharaditas de azúcar
5 hojas de menta
1 chorro de zumo de lima recién exprimido
Zumo de manzana espumoso hasta arriba

Maja el azúcar y las hojas de menta en un mortero. Humedece el borde de un vaso bajo con agua y luego mételo en el azúcar mezclado con menta. Pon un poco más de azúcar de menta en la copa junto con tres o cuatro cubitos de hielo. Añade un chorro de zumo de lima y completa con zumo de manzana espumoso. Congela hojas de menta en los cubitos de hielo para darle mayor sabor y efecto.

GAZPACHO

INGREDIENTES

180 ml de zumo de tomate
Un pepino de unos 2,5 cm, pelado y sin pepitas
Un apio de 2,5 cm
Un pimiento pequeño rojo
Unos copos de chile
1 chorro de zumo de limón recién exprimido

Mete los ingredientes con 4 ó 5 cubitos de hielo en una batidora y bátelos hasta que quede una crema suave. Ponla en un vaso alto o Collins con hielo hasta la mitad. Adorna con un tallito de apio, rodajas de pepino, hojas de albahaca y un tomate cherry. Congela las hojas de albahaca en los cubitos de hielo para que den más sabor y efecto.

BAMBOOZLE

INGREDIENTES
3 partes de zumo de guayaba
2 partes de zumo de naranja
2 partes de zumo de fruta de la pasión
1 chorro de zumo de lima recién exprimido
Soda (opcional)
1 ramita de bambú para adornar

Pon todos los ingredientes con hielo partido en una coctelera. Agita con fuerza y cuélalo a un vaso alto de vidrio imitando la forma del bambú y con hielo hasta la mitad. Rellena con soda, si te apetece. Adorna con una ramita de bambú.

BARBIE GIRL

INGREDIENTES
Un poco de colorante rosa y azúcar para escarchar
5 fresas grandes maduras
1 rodaja de piña
1 parte de zumo de naranja
1 parte de zumo de limón recién exprimido
Rodajas de fresa para adornar

Escarcha el borde de una copa grande de cóctel introduciéndola en colorante y luego en azúcar. Pon la fruta y los zumos en una batidora con cuatro o cinco cubitos de hielo y bátelo hasta que quede suave. Viértelo a la copa y adorna con rodajas de fresa.

ÍNDICE

A

B

C

M

N

O

P

R

RECETAS

Allan Gage

Págs. 24 inferior; 26 inferior; 27 superior; 28 y 30 superior; 32 inferior; 33 superior; 35 y 37 inferior; 38 inferior; 40 y 42 superior; 43 superior; 44 superior; 45 superior; 48 inferior; 49 superior; 50 superior; 51 inferior; 52 y 55 superior; 56 inferior; 57 superior; 59-60; 63-64; 66;67 inferior; 70 inferior; 74; 77 inferior; 78 inferior; 79 inferior; 81;83 superior; 84;87 superior; 90 inferior; 91; 92 superior; 95-100; 104 inferior; 106 superior; 107 inferior; 108;110 inferior; 111; 112 inferior; 113 superior; 115; 116 superior; 117 inferior; 120 superior; 122 superior; 123 superior; 124; 126 superior; 127 inferior; 128 superior; 134-6; 138-9; 142 superior; 143 inferior; 148; 150 superior; 152 superior; 155; 157 inferior; 158 inferior; 159-60; 162 superior; 163; 160 inferior; 169 inferior; 177 superior.

Kate Moseley

Págs. 24 superior; 25; 26 superior; 27 inferior; 30 inferior; 31; 32 superior; 33 inferior; 36; 37 superior; 38 superior; 39; 42 inferior; 43 superior; 44 inferior; 45 inferior; 48 superior; 49 inferior; 50 inferior; 51 superior; 54; 55 inferior; 56 superior; 57 inferior; 61-2; 67 superior; 70 superior; 71-3; 76; 77 superior; 78 superior; 78 superior; 79 superior; 82; 83 inferior; 86; 87 inferior; 90 superior, 92 inferior; 93; 104 superior; 105, 106 inferior; 107 superior; 110 superior; 112 superior; 113 inferior; 116 inferior; 117 superior; 120 inferior: 121; 122 inferior; 123 inferior; 126 inferior; 127 superior; 128 inferior; 129; 132 superior; 133; 142 inferior, 143 superior; 146-7; 150 inferior; 151; 152 inferior; 153; 156; 157 superior; 158 superior; 162 inferior; 166 superior; 167 superior; 172 inferior; 173 superior; 174; 178; 180; 186; 187.

Susannah Blake

Págs. 166 inferior; 167 inferior; 168; 169 superior; 170; 172 superior; 173 inferior; 175; 177 inferior; 179; 181; 182 inferior; 184-185.

FOTOGRAFÍAS

Simon Pask

Págs. 29; 34; 41; 53; 58; 60; 65-6; 75; 80; 85; 91; 94; 97-9; 101; 109; 111; 114; 125; 130; 135; 137; 138; 143 inferior; 144; 149; 152 superior; 154; 159; 161; 171; 176; 183.

Chris Alack

Págs. 24-7; 30-3; 36; 38-9; 42-5; 48-51; 54-7; 61-2; 67; 70-3; 76-79; 82-3; 86-7; 90; 92-3; 104-7; 110; 112-3; 116-7; 120-3; 126-9; 132-3; 142; 143 superior; 146-7; 150-1; 152 inferior; 153; 156-8; 162; 166 superior; 167; 172 inferior; 173-4; 178; 180; 186-7.

Janine Hosegood

Págs. 166 inferior; 168-9; 172 superior; 175; 179; 181; 184-5.